Susanne Jagusch | Rudi Jagusch

111 Orte im Erzgebirge, die man gesehen haben muss

111

W0211150

emons:

Bibliografische Information der Deutschen Nationalbibliothek
Die Deutsche Nationalbibliothek verzeichnet diese Publikation in der Deutschen Nationalbibliografie; detaillierte bibliografische Daten sind im Internet über http://dnb.d-nb.de abrufbar.

MIX
Papier | Fördert gute Waldnutzung
FSC® C083411

© Emons Verlag GmbH
Alle Rechte vorbehalten
© der Fotografien: Susanne und Rudolf Jagusch, außer: siehe Seite 238
© Covermotiv: AdobeStock/R+R
Layout: Anja Sauerland, nach einem Konzept
von Lübbeke | Naumann | Thoben
Kartografie: altancicek.design, www.altancicek.de
Kartenbasisinformationen aus Openstreetmap,
© OpenStreetMap-Mitwirkende, ODbL
Druck und Bindung: CPI – Clausen & Bosse, Leck
Printed in Germany 2023
ISBN 978-3-7408-1406-9

Unser Newsletter informiert Sie
regelmäßig über Neues von emons:
Kostenlos bestellen unter
www.emons-verlag.de

Vorwort

»Su alt wie hier dos Barggeschrei, is a de Mannelschnitzerei!« So lautet ein alter erzgebirgischer Ausspruch und beschreibt damit die mit der Region tief verwurzelte Bergbautradition und den Ursprung der berühmten handgefertigten Holzkunst. Nussknacker, Räuchermännchen und Co. trifft man hier zu jeder Jahreszeit an, sie haben längst ihren Siegeszug rund um die Welt angetreten. Nicht umsonst ist das Erzgebirge auch als Weihnachtsland bekannt. Dieses Mittelgebirge kann auf eine Vergangenheit mit vielen Höhen und Tiefen zurückblicken. Die Geschichte hat ihre Spuren hinterlassen, sei es an der Oberfläche oder im Untergrund. Unzählige Stollen durchziehen das Gebiet, Hunderte Kilometer davon sind noch heute durch die zahlreichen Besucherbergwerke begehbar. Im Juli 2019 wurde die Montanregion Erzgebirge/Krušnohoří zum UNESCO-Welterbe ernannt. Und ob Schlösser oder Seen, Sport oder Spiel, Traditionen oder Trails, Waldluft oder Weihrichkarzl, Kunst oder Kultur, Entspannen oder Erleben – hier wird es nie langweilig.

Aber was wäre das alles ohne die Menschen! Die Erzgebirger sind liebenswerte Menschen, deren Herzlichkeit keine Grenzen kennt. Das durften wir selbst erfahren. Rund 4.000 Kilometer sind wir kreuz und quer durch die Landschaft gefahren, und egal, wen wir bei unseren Nachforschungen um Unterstützung baten: Stets wurde uns offen, freundlich und hilfsbereit begegnet und sich viel Zeit für uns genommen.

Auf den folgenden Seiten haben wir nun also »111 Orte im Erzgebirge, die man gesehen haben muss« für Sie zusammengestellt. Die Recherche dafür liegt hinter uns, Sie dagegen dürfen ab sofort damit beginnen … und wir beneiden Sie darum! Denn dem ersten Eindruck wohnt stets ein besonderer Zauber inne, den Sie im Gegensatz zu uns noch vor sich haben. Wir wünschen Ihnen dabei viel Spaß!

Ein herzliches »Glück auf«

Susanne und Rudolf Jagusch

111 Orte

15 Jahre
Randlichten
2007

14%

1 Die 14 Achttausender

Himalaja im Erzgebirge

Die höchsten Berge der Welt sind die 14 Achttausender. Die Giganten aus Fels, Eis und Schnee liegen im Himalaja und im Karakorum. Das »Dach der Welt« zieht viele Menschen in seinen Bann, doch nur wenigen ist es bisher gelungen, alle 14 Berge jenseits der 8.000-Meter-Marke zu erklimmen. Gipfelstürmer, die davon träumen, einmal auf einem Achttausender zu stehen, müssen dafür jedoch nicht ins ferne Asien reisen: Alternativ kann man im Osterzgebirge in der Gegend um Altenberg auf »Himalaja-Expedition« gehen. Tausende Kilometer trennen die beiden Gebirge, und doch verbindet sie eine Gemeinsamkeit: 14 Achttausender, die es zu erobern gilt! Kaum zu glauben, aber (beinahe) wahr. Also, Wanderschuhe geschnürt und rauf zum Fuchshübel, Pöbelknochen oder einem der anderen »Bergriesen« – die Sauerstoffflasche kann man dabei getrost zu Hause lassen, die Höhenmeter schafft man ohne Probleme, denn die Gipfel werden hier in Dezimetern gemessen!

Die Idee, das Himalaja-Gebirge nach Sachsen zu holen, hatte der Dresdner Alpinist Frank Meutzner. Dank der MDR-Bergsport-Redaktion BIWAK, deren Fernsehbeitrag vor einigen Jahren auf große Resonanz gestoßen war, etablierte man diese Wandertour, und alle 14 Gipfel über 8.000 Dezimetern wurden markiert und ausgeschildert. Eine mitten im Wald gelegene und vormals namenlose Erhebung taufte man nach einer Zuschauerumfrage »BIWAK-Kuppe«. Auf 8.285 Dezimetern Höhe kann man sich hier nach erfolgreicher Besteigung im Gipfelbuch verewigen. Die knapp 60 Kilometer lange Runde kann in mehreren Etappen zu Fuß, mit dem Fahrrad oder im Winter mit Langlaufski bewältigt werden. Zum Wanderglück in facettenreicher Natur fehlt jetzt nur noch ein Rucksack – den gibt es samt Stempelkarte, Info-Flyer und wichtigen Utensilien in der Tourist-Information Altenberg – und schon kann's losgehen. Wer braucht da noch den Himalaja?

Adresse Am Bahnhof 1, 01773 Altenberg | Anfahrt ab Dresden B170 über Dippoldiswalde bis Altenberg, der Beschilderung in Richtung Bahnhof folgen | Tipp Im Besucherbergwerk Zinnwald kann unterirdisch die deutsch-tschechische Grenze erkundet werden. Die Termine für die Führungen stehen auf der Website: www.besucherbergwerk-zinnwald.de.

2 Die Altenberger Pinge

Profitgier führte in eine Katastrophe

Am 24. Januar 1620 gegen 5 Uhr in der Früh weckte ein Erdbeben die Dresdner Bürger. Niemand konnte zu diesem Zeitpunkt die Ursache dafür auch nur erahnen. Stunden später erreichte die Stadt dann die Nachricht von der Katastrophe, die sich im 30 Kilometer entfernten Altenberg zugetragen hatte: ein Bergwerksunglück von ungeheurem Ausmaß. Innerhalb von Sekunden versanken vier Zechen am Stadtrand von Altenberg in einem riesigen Erdschlund. Glück im Unglück: Von den 24 Personen, die dabei verschüttet wurden, konnten 23 lebend gerettet werden.

Sofort nach dem schrecklichen Ereignis kam die Frage auf, was geschehen war. Dabei lag die Antwort auf der Hand: Raubbau. Seit 1440 wurde in Altenberg Zinn abgebrochen. Dabei wurden Schächte in die Tiefe getrieben. Unter Tage wurde das erzhaltige Gestein zunächst durch Feuer erhitzt, dann durch Wasser abgeschreckt. So wurde es spröde und konnte leichter geschlagen werden. Systematisch wurde so der Berg vielerorts gleichzeitig ausgehöhlt. Dies hatte schon vor der Katastrophe zu kleineren Bergbrüchen geführt. Aber anstatt das als Warnsignal zu werten, wurden diese kleineren Einbrüche billigend in Kauf genommen. Denn an diesen Stellen konnte das zinnhaltige Gestein einfacher, da dann über Tage, verwertet werden. Bei geringeren Kosten wurde zugleich ein höherer Ertrag erzielt. Anstatt also die unterirdischen Abbauhöhlen zu verfüllen, wurde auf deren Einbrüche gehofft. Dieses Missmanagement rächte sich in der besagten Nacht: Der Fels glich, durchzogen von unzähligen Schächten, Stollen und Höhlen, einem Schweizer Käse. Es kam, wie es am Ende kommen musste: Er brach in sich zusammen.

Heutzutage ist der 450 Meter durchmessende und 150 Meter tiefe Krater einer der größten seiner Art in Europa. Das Gelände ist eingezäunt, die einzige Aussichtsplattform kann aus Sicherheitsgründen nur im Rahmen von Führungen besucht werden.

Adresse 01773 Altenberg, www.bergbaumuseum-altenberg.de | **Anfahrt** ab Dresden B170 über Dippoldiswalde bis Altenberg, der Beschilderung zum Museum folgen | **Öffnungszeiten** Museum: täglich außer Fr 10–16 Uhr; Pingenwanderung: Mai–Okt. Mi und So 10.30 Uhr; unbefugtes Betreten lebensgefährlich und deshalb verboten | **Tipp** Die Galgenteiche nördlich von Altenberg sind ein Relikt aus dem Mittelalter. Hier wurde einst Niederschlagswasser gesammelt, das für den Bergbau verwendet wurde. Heute lädt dort ein Freibad zu einer sommerlichen Abkühlung ein.

3 Der Eiskanal

Ski … nein … Bob und Rodel gut!

Wintersport im Sommer? Im Erzgebirge ist das möglich! Auf der Rennschlitten- und Bobbahn in Altenberg geht es nicht nur im Winter sportlich rasant zur Sache. Nervenkitzel und Adrenalinkicks im Eiskanal sind dabei nicht nur den Profis vorbehalten, als Co-Pilot von erfahrenen Bobfahrern kann man zu jeder Jahreszeit im Gästebob den atemberaubenden Geschwindigkeitsrausch am eigenen Körper hautnah miterleben.

In der eisfreien Zeit schießt der Viererbob auf Rädern anstatt Kufen durch die komplette Wettkampfstrecke von 1.413 Metern, überwindet einen Höhenunterschied von 122 Metern und lässt die Insassen die enormen Fliehkräfte in den 17 steilen Kurven spüren. Im Winter geht es vom Juniorenstart mit über 100 Stundenkilometern durch die 11 Kurven des Eiskanals. Definitiv nichts für schwache Nerven! Die Eisrinne im Altenberger Kohlgrund ist eine von vier deutschen Anlagen und Austragungsort von Welt- und Europameisterschaften im Rennrodel-, Bob- und Skeletonsport. Sie gilt bis heute als eine der schwierigsten Bahnen der Welt und blickt auf eine bewegte Geschichte zurück.

Unter strengster Geheimhaltung und Aufsicht des Ministeriums für Staatssicherheit begannen 1983 die Bauarbeiten. Die DDR sollte eine international wettkampftaugliche Kunsteisbahn erhalten, um den erfolgreichen Bobfahrern auf heimischem Boden optimale Trainingsbedingungen bieten zu können. Der vorhandene Eiskanal in Oberhof war für Rodelschlitten konzipiert, nicht aber für Viererbobs. Nach zwei Jahren Bauzeit stellte sich die Bahn als unbefahrbar heraus. Die Anlage musste teilweise gesprengt, neu berechnet und umgebaut werden. 1986 konnten erste nationale Wettkämpfe unter Baustellenbedingungen stattfinden, bevor 1987 die offizielle Einweihung erfolgte und die Kufen-Asse ihre Triumphe feiern konnten. Die Local Heroes von damals bis heute sind am Haupteingang der Bobbahn auf großen Fototafeln zu bewundern.

Adresse Neuer Kohlgrundweg 1, 01773 Altenberg, www.wia-altenberg.de | Anfahrt ab Dresden B170 über Dippoldiswalde bis kurz vor Altenberg, der Beschilderung zum Eiskanal folgen | Öffnungszeiten Bobbahnführungen jeden Di 10 Uhr, Anmeldung am Vortag bis 15 Uhr unter Tel. 035056/22660 erforderlich | Tipp Auf dem Weg von Altenberg nach Geising sprudelt der Tiefenbacher Wasserfall in zwei Stufen über Stock und Stein. Die Gesamtfallhöhe des künstlich angelegten Wasserfalls beträgt rund 40 Meter. Von der Straße aus führt ein Wanderweg zu einer Aussichtsplattform.

4 Der Holzfigurenpfad

Auf dem Holzweg

Dass eine Loipe im Winter gern frequentiert wird, dürfte nicht verwundern. Auf Langlaufski bei kristallklarer Luft durch einen Winterwald zu gleiten, links und rechts Bäume, deren Äste sich unter der Schneelast biegen, ist für viele Freizeitathleten das höchste Maß an Glückseligkeit. Gegebenenfalls wird dieses Erlebnis dann noch beim Après-Ski getoppt.

Doch auch im schneesichersten Gebiet beginnt irgendwann der Frühling. Die weiße Pracht schmilzt, die Ski werden für einige Monate eingemottet, und auf den Loipen kehrt Ruhe ein. Zumindest auf den meisten. Denn es gibt Ausnahmen von dieser Regel. Eine davon ist die Versöhnungsloipe in Altenberg. Steigen Wanderer an der Bergstraße in der Ortsmitte ein, geht es weiter über den Sonnenhofweg und die Zinnwalder Straße. Kurz darauf erreichen sie dann den wohl verblüffendsten Abschnitt der besagten Loipe. Mitunter leicht ersichtlich direkt am Weg oder auch ein wenig versteckt im Unterholz, säumen hier kunstvolle Kettensägeschnitzereien den Wald. Die hölzernen Eulen stören sich nicht an den Gästen. Der Igel bleibt seelenruhig auf seinem Stamm sitzen, und die Pilze sind sich sicher, nicht gepflückt zu werden. Dort, ein Wildschwein! Denen sollte besser jeder ausweichen. Doch von dem hölzernen Pendant geht keine Gefahr aus. Zutraulich hält es still, bis im Fotospeicher ein Abbild hinterlegt ist. Gerade bei Kindern dürfte die Entdeckertour auf der Loipe Begeisterungsstürme auslösen.

Die Kunstwerke sind aus Baumstümpfen geschnitzt. Bei Forstarbeiten wurden einige Fichten nicht in Gänze gefällt, sondern so abgesägt, dass gut ein Meter vom Stamm stehen blieb. Seitdem können sich Kunstschaffende an ihnen ausprobieren. Da es sich um ein laufendes Projekt handelt, entstehen nach und nach an der Loipe weitere Figuren. »Wiederholungstäter« dürfen somit jedes Jahr gespannt sein, was es Neues zu entdecken gibt.

Adresse Sonnenhofweg 8, 01773 Altenberg | **Anfahrt** ab Dresden B170 über Dippoldiswalde bis Altenberg, durch den Ort fahren, kurz vor Zinnwald-Georgenfeld rechts auf Sonnenhofweg, circa 5 Minuten Gehzeit | **Tipp** Ein Besuch im Café »Buntes Häusel« in Altenberg lohnt sich nicht nur wegen der köstlichen Kuchen und Torten. Das besondere Ambiente des Cafés mit einem Sammelsurium an alten Kaffeekannen, die über den Köpfen der Gäste baumeln, lädt zum Verweilen ein.

5 Das Porzellanglockenspiel

Kling, Glöckchen, klingelingeling

Idyllisch und ruhig zwischen Wiesen und Wäldern gelegen, ist Bärenfels als »Perle des Osterzgebirges« bekannt. Die Gründung erfolgte vermutlich im Jahr 1503. Verschiedene Schautafeln, die »Bärenfelser Häusergeschichten«, lassen auf die Geschichte des kleinen Ortes sowie der historischen Gebäude zurückblicken. In einem Arboretum warten heimische Gehölze des Erzgebirges darauf, von Besuchern entdeckt zu werden. Und der hübsch angelegte Kurpark birgt ein besonderes Kleinod, das man gehört haben muss. Hier kann man gemütlich spazieren gehen oder auf einer Bank Platz nehmen und dabei mehrmals täglich zur vollen Stunde den bezaubernden Klängen eines Glockenspiels lauschen. Ein wahrer Ohrenschmaus, »serviert« auf echtem Meissener Porzellan.

Als Dank für die tatkräftige Unterstützung beim Wiederaufbau ihres Erholungsheims »Misnia« (lateinisch für Meißen) erhielt die Gemeinde im Jahr 1947 die Glocken als Geschenk von der weltberühmten Porzellanmanufaktur. Die Bärenfelser hatten sich im Gegenzug dazu verpflichtet, einen Glockenturm mit Glockenspiel zu errichten. Infolge der Nachkriegswehen konnte die Anlage aber erst im Jahr 1955 bei Aktionen des NAW (Nationales Aufbauwerk), bei denen die Bürger freiwillige, unentgeltliche Arbeit leisteten, erbaut werden.

Bärenfels wird das ganze Jahr über vom Klang der Glocken erfüllt, einzigartig in einer Höhenlage von 700 Metern. Erzgebirgische Heimatlieder und bekannte Volkslieder tönen durch die Straßen und bis hinauf auf den Spitzberg. Die Melodien orientieren sich an den Jahreszeiten. »O Arzgebirg, wie bist du schie«, »Im Frühtau zu Berge«, »Der Vogelbeerbaum« oder »Schneeflöckchen, Weißröckchen« gehören unter anderem zum Repertoire der 25 Meissener »Glocken des Friedens«. Und ertönt die heimliche Hymne des Erzgebirges »Glück auf, Glück auf! Der Steiger kommt«, dann neigt sich der Tag zu Ende und der Abend wird eingeläutet.

Adresse Am Kurpark, 01773 Altenberg-Bärenfels, www.glockenspiel-baerenfels.de | Anfahrt ab Dresden B170 bis Bärenfels, im Ort Richtung Kurpark | Tipp Das Wahrzeichen von Bärenfels, ein Bär aus Stein, ist im Kurpark zu finden. Anders als der Name der Ortschaft vermuten lässt, leitet sich dieser nicht von einem Bären, sondern von seinen Gründern, den Herren der Burg und Herrschaft Bärenstein, ab.

6 Der Falknerbrunnen

Schräges in Lauenstein

Das Burgstädtchen Lauenstein liegt inmitten des romantischen Müglitztals, das König Johann von Sachsen einst als »schönstes Tal Sachsens« rühmte. Unweit des herrlichen Renaissanceschlosses, in dessen Mauern heute das Osterzgebirgsmuseum eine Zeitreise durch 800 Jahre Geschichte von Lauenstein und Sachsen präsentiert, zieht ein Falkner die Blicke auf sich. Seit über 100 Jahren grüßt er die Besucher des idyllischen Ortes, denn die Bronzefigur ziert den Brunnen auf dem schrägen Marktplatz.

Seit 1913 steht dieser an der Stelle eines Wasserbottichs aus dem 17. Jahrhundert. Der Falknerbrunnen ist das Wahrzeichen von Lauenstein und geht auf eine alte Sage zurück, die von einem spektakulären Kindesraub erzählt: Um das Jahr 1651 kam die junge Agnes Katharina von Bünau in den Besitz des Schlosses Lauenstein, nachdem ihr Gemahl auf einer Reise leider verstorben war. Drei Monate später gebar sie den gemeinsamen Sohn. Eines schönen Tages – der Junge war mittlerweile zwei Jahre alt – genoss die Schlossherrin die Frühlingssonne auf einem Hügel nahe dem Anwesen. Der Bub schlummerte sanft im Gras, während die Mutter Blumen pflückte. Beste Gelegenheit für einen Räuber, der bereits auf Beute gelauert hatte. Ein gewaltiger Raubvogel stürzte sich in kurzem Jagdflug auf das schlafende Kind, packte es mit seinen Fängen und erhob sich mit ihm in die Lüfte. Sehr weit kam er mit seiner schweren Beute allerdings nicht. Der Falkner des Schlosses hatte das Geschehen beobachtet und schickte seinen Jagdfalken aus, der den Greifvogel attackierte, bis er von dem Kleinen abließ. Wohlbehalten landete das Kind auf der Wiese, und der Kindesräuber suchte das Weite.

In Lauenstein kann man nicht nur den bronzenen Vogel bewundern, hier wird die große Tradition der Falknerei noch immer lebendig gehalten. Bei der Falknershow kommt man den Greifvögeln zum Greifen nah.

Adresse Markt, 01778 Altenberg-Lauenstein | Anfahrt A17, Ausfahrt Gottleuba, links auf S176 abbiegen, dann weiter auf der S174 Richtung Lauenstein | Tipp Sehenswert ist die Stadtkirche Sankt Marien und Laurentin, die Bestandteil des UNESCO-Welterbes Montanregion Erzgebirge/Krušnohoří ist. Sie beherbergt einzigartige Sandsteinarbeiten der Pirnaer Bildhauerfamilien Michael Schwenke und Lorentz Hörnig. Das Prachtstück ist der pyramidale Altar, der viergeschossig errichtet wurde.

7 Die Dorfkirche

Ein sächsisches Kleinod

Sie hat zu Recht den Ruf, eine der schönsten Dorfkirchen Sachsens zu sein. Das evangelische Gotteshaus in Schellerhau wurde zwischen 1591 und 1593 anstelle einer kleinen Holzkirche errichtet.

Betritt man die äußerlich schlichte Kirche, bemerkt man, dass sie ihre wahre Schönheit im Inneren offenbart. Der Blick schweift unwillkürlich nach oben zur prächtigen Holzkassettendecke, die das Kirchenschiff überspannt. Herrliche Malereien schmücken den Kirchenraum auf einzigartige Weise. Carl Rudolf von Carlowitz, Churfürstlich-Sächsischer Oberforst- und Wildmeister, ließ 1683 die Decke und die Emporen bemalen. Szenen aus dem Alten Testament lassen sich bildhaft erleben, hier wurde eine Art »Armen-Bibel« für die meist des Lesens unkundigen Gläubigen geschaffen. Zu sehen sind Adam und Eva und die Kreuzigung Jesu, umgeben von Aposteln sowie Engeln mit Marterwerkzeugen, die das Leiden Christi symbolisieren. Am Decken-Himmel schwebt ein Engel unter der Engelschar, der weder Dornenkrone noch Kreuznägel mit sich führt, er trägt eine Grubenlampe. Ein Zeugnis davon, wie sehr die Bergleute vor Jahrhunderten mit Schellerhau verbunden waren.

Beim Rundgang durch die Kirche fallen weitere Besonderheiten auf, etwa die vierglasrige Sanduhr an der Kanzel, die in den 1980er Jahren beschädigt auf dem Kirchenboden entdeckt wurde. Man ließ sie in Dresden restaurieren. 1993, zum 400-jährigen Kirchenjubiläum, kehrte die Kanzeluhr an ihren angestammten Platz zurück. In vielen Kirchen kamen nach der Reformation Sanduhren zur zeitlichen Begrenzung der Predigten zum Einsatz. Solche Kanzeluhren sind heutzutage nur noch selten zu finden, ebenso Beichtstühle, die in protestantischen Kirchen eher für Verwunderung sorgen. In Schellerhau kann man jedoch noch immer den an die Kanzel angebauten Beichtstuhl bestaunen. Eine Entdeckungsreise zu der hübschen Dorfkirche lohnt sich auf jeden Fall!

Adresse Matthäusweg 1, 01773 Altenberg-Schellerhau | **Anfahrt** ab Dresden B170 bis Bärenfels, durch Bärenfels fahren und weiter über Böhmische Straße und Hauptstraße zur Dorfkirche in Schellerhau, Parkplätze an der Kirche | **Öffnungszeiten** in der Regel tagsüber zugänglich | **Tipp** Der Klangerlebnispfad durch den Botanischen Garten in Schellerhau lädt zum Spielen und Experimentieren ein.

8 Das Hochmoor

Besser nicht den Weg verlassen!

Wie in anderen Mittelgebirgen Deutschlands finden sich auch im Erzgebirge Hochmoore. Daran ist nichts ungewöhnlich, denn eine Bedingung, die bei der Entstehung und dem Erhalt dieses Lebensraums gegeben sein muss, ist Feuchtigkeit. Diese Grundvoraussetzung wird im niederschlagsreichen Erzgebirge mühelos erfüllt.

Die erzgebirgischen Hochmoore wuchsen vor rund 10.000 Jahren heran. Ein großes Moorgebiet bildete sich dabei in der Nähe des Lugsteins bei Zinnwald. Heutzutage ist der böhmische Teil des Gebietes immer noch urwüchsig und unbefestigt und daher nicht gefahrlos zu begehen.

Anders dagegen verhält es sich auf sächsischem Areal. Im Jahr 1957 wurde hier das Freilichtmuseum »Georgenfelder Hochmoor« eingerichtet. Ein rund 1,2 Kilometer langer Lehrpfad führt über einen Knüppeldamm durch die Moorlandschaft. Unterwegs informieren zahlreiche Tafeln über die charakteristischsten Pflanzen wie zum Beispiel das Wollgras und den fleischfressenden Sonnentau. Eine Aussichtsplattform öffnet den Blick über die Wipfel der allgegenwärtigen Krummholzkiefern.

Man sollte sich vor Augen führen, dass diese wunderschöne amphibische Landschaft einst fast verschwunden wäre. Lange Zeit wurde im Moor Torf abgebaut, und der Bergbau entzog dem Hochplateau das Wasser. Es drohte die Zerstörung. Anfang des 20. Jahrhunderts rief das den Landesverein Sächsischer Heimatschutz auf den Plan, der das Georgenfelder Hochmoor im Jahr 1926 erwarb. Seitdem kümmern sich engagierte Naturschützende um den Erhalt des fragilen Lebensraums, wobei die Hauptaufgabe darin besteht, das Austrocknen zu verhindern. Inzwischen ist es als Naturschutzgebiet ausgewiesen und befindet sich im Besitz der Stadt Altenberg. Bleibt noch eine Frage zu klären: Kann ein Mensch im Moor versinken? Nun, auch wenn das aufgrund der hohen Dichte des Schlamms physikalisch unwahrscheinlich ist, sollte es niemand darauf ankommen lassen.

Adresse Hochmoorweg 1, 01773 Altenberg-Zinnwald-Georgenfeld, www.naturbewahrung-osterzgebirge.de | **Anfahrt** ab Dresden B170 über Dippoldiswalde bis Altenberg, durch den Ort fahren, links in Teplitzer Straße, vom Parkplatz Zinnwald-Georgenfeld 15 Minuten Gehzeit | **Öffnungszeiten** Ostern–Ende Okt. (witterungsabhängig) täglich 9–17 Uhr | **Tipp** In fünf Kilometer Entfernung, auf der Kohlhaukuppe, empfängt eine Bergbaude Gäste mit Knoblauchgeruch. Deswegen wird der Gipfel auch »Knoblauchkuppe« genannt. Auf der Karte stehen zum Beispiel Knoblauchsuppe, Knoblauchbrot und Knoblaucheis. Dazu wird Knoblauchbier gereicht.

9 Mini-Weißbach

Heimatkunde mal anders

Die Kirche im Dorf lassen. In Weißbach hat man das wörtlich genommen, nur eben im Kleinformat.

Ein Modell des Gotteshauses, das für den Festumzug des Schul- und Heimatfestes 2002 angefertigt wurde, war das erste Gebäude in der Heimatanlage »Mini-Weißbach«. Die wunderschöne Minikirche war einfach zu schade, um nach dem Heimatfest in irgendeiner Garage einzustauben. So entstand die Idee von einer Schauanlage. Kurzerhand gründete daraufhin der Heimatverein im Jahr 2004 die Arbeitsgruppe »Mini-Weißbach«, und ein Minidorf wurde im Park oberhalb des Teiches an der Grießbacher Straße angesiedelt. Inzwischen präsentiert man zahlreiche erhaltene und ehemalige Häuser aus Weißbach in Miniatur und legt den Besuchern so die Ortschaft im Maßstab 1:10 zu Füßen. Jährlich zur Kirmes wird die Anlage um ein Haus erweitert. Grundlage für die Nachbauten bilden alte Fotos, Zeichnungen oder Maßabnahmen von den Originalen. Die detailgetreuen Gebäude erzählen die Ortsgeschichte und zeigen traditionelles Handwerk. Sozusagen eine begehbare Dorfchronik, die die vergangene Zeit Revue passieren lässt.

Die Pferdekutsche an der alten Mühle zeugt beispielsweise vom ersten »Lieferdienst« in Weißbach, das Stollenmundloch des Tiefen Erbstollens erinnert an die Bergbaugeschichte des Ortes. Einige Modelle lassen sich per Knopfdruck oder Kurbel zum Leben erwecken: Wirft man einen Blick in die Werkstatt von Haus Nummer 22, kann man dem Röhrenbohrer bei der Arbeit über die Schulter schauen oder am Rathaus ein Brautpaar vor die Tür treten lassen.

Die Anlage wird allein von Sponsoren und Spenden finanziert, freiwillige Helfer unterstützen den Verein beim Auf- und Abbau der Häuser. Zur Weihnachtszeit erstrahlt das kleine Dorf in festlichem Glanz, und am Adventshaus öffnet sich jeden Tag ein Türchen. Aber nicht nur im Advent sorgt die wunderbare Anlage für leuchtende Augen bei Groß und Klein.

Adresse Hauptstraße, 09439 Amtsberg-Weißbach | Anfahrt ab Chemnitz B174 Richtung Zschopau, in Gronau auf B180 Richtung Burkhardtsdorf, in Weißbach Bundesstraße verlassen und links auf Hauptstraße einbiegen | Öffnungszeiten 1. Mai–6. Jan. | Tipp Der Weißbacher Krippenweg lädt in der Weihnachtszeit zu einem adventlichen Spaziergang ein. Auf der rund zehn Kilometer langen Tour können bis zum 7. Januar schöne und außergewöhnliche Krippen sowie einige Pyramiden bestaunt werden.

10__Das Adam-Ries-Haus

Eins plus eins ist drei – aber nur in der Biologie

Etwas kaufen und hoffen, dass der vom Händler aufgerufene Preis schon seine Richtigkeit hat? Ohne die Möglichkeit einer Validierung, da man die Grundrechenarten nicht beherrscht? Sicherlich würde sich da bei jedem ein mulmiges Gefühl einstellen. Und heutzutage ist ein solches Szenario kaum noch vorstellbar. Doch im 16. Jahrhundert war das der Alltag für viele Menschen.

Ein unhaltbarer Zustand, wie ein im Jahr 1492 in Staffelstein in Oberfranken geborener Mann meinte und sich daher dransetzte, das Füllhorn der Mathematik über jedem auszuschütten, der willens war. Adam Ries sein Name, Autor mehrerer Rechenbücher, Bergverwaltungsbeamter, Rechenmeister, Vater von mindestens acht Kindern und Schöpfer der »Annaberger Brotordnung«. Letztgenannte legte das Gewicht der Brotlaibe bezogen auf den Mehlpreis fest. Da der Brotpreis damals stets gleich blieb, variierte die Größe. Die Brotordnung sorgte für den sozialen Frieden, da Bäcker nicht mehr nach Belieben übervorteilen konnten.

Im Jahr 1522 zog Adam Ries nach Annaberg-Buchholz in die Johannisgasse. In seinem damaligen Wohnhaus befindet sich heute das nach ihm benannte Museum. Alles dreht sich hier – neben der Biografie des Matheprofis – um das Zusammenzählen, Abziehen, Malnehmen und Teilen. Dabei werden alte Rechenmethoden wie zum Beispiel das »Rechnen auf der Linie« anschaulich erläutert, und ein besonderes Augenmerk wird auf den Wandel vom Rechnen nach römischer Art hin zum viel einfacheren Rechnen mit arabischen Ziffern gelegt.

Begrüßt werden die Besucher vor der Eingangstür vom Meister selbst. Seit 2018 steht auf dem Vorplatz des Museums das Adam-Ries-Denkmal. Und wer weiß: Vielleicht würdigt es nicht nur einen außergewöhnlichen Gelehrten, sondern mahnt vorbeiziehende Pennäler zugleich, im Mathematikunterricht gut aufzupassen. Denn Bildung schützt – frei nach Adam Ries interpretiert – am besten vor Abzocke.

Adresse Johannisgasse 23, 09456 Annaberg-Buchholz, www.adam-ries-museum.de | **Anfahrt** aus Richtung Chemnitz B95 nach Annaberg-Buchholz, der Beschilderung zum Markt folgen, Parkmöglichkeiten in der Tiefgarage unter dem Marktplatz, 2 Minuten Gehzeit | **Öffnungszeiten** Di–Fr 10–16 Uhr, Sa 12–16 Uhr, Feiertage (außer Montag) siehe Website | **Tipp** Wenige Meter entfernt befindet sich die »Manufaktur der Träume«. Das Erlebnismuseum zeigt erzgebirgische Volkskunst wie zum Beispiel historisches Spielzeug und weihnachtliche Objekte.

11 Die Auferstehungslinde

Steht dieser Baum kopf?

Sie hat über 500 Jahre auf dem hölzernen Buckel, die sagenumwobene Linde an der Trinitatiskirche im Stadtpark, dem ehemaligen Friedhof von Annaberg-Buchholz. Anfang des 16. Jahrhunderts legte man den Gottesacker außerhalb der Stadtmauer an, im Jahr 1519 wurde dieser durch den Meißner Bischof Johann VII. von Schleinitz mit heiliger Erde aus Rom geweiht. Zu diesem Anlass wurde wahrscheinlich die Linde gepflanzt.

Der stattliche Baum fällt allein durch seinen eigenwilligen Wuchs auf. Der Stamm verzweigt sich direkt über dem Boden, und die mächtigen Äste ragen wie knorrige Tentakel eines Oktopus in die Höhe hinauf.

Der Name »Auferstehungslinde« beruht auf einer Legende, die vom Sohn eines Annaberger Marstallers (Stallmeisters) erzählt, dem der Glaube an die Auferstehung von den Toten fehlte. Ein Priester bemühte sich, den jungen Mann von seinem Unglauben abzubringen, und erläuterte ihm, dass die Verstorbenen einst am Jüngsten Tag aus ihren Gräbern steigen würden, so wie die auf dem Boden eingebrachte Saat auf dem Feld austreibe. Der ungläubige Bursche ließ sich allerdings auch davon nicht überzeugen. Er verwies auf eine kleine Linde auf dem Kirchhof und entgegnete, ein Bäumlein, das man ausreiße und umgekehrt mit den Wurzeln nach oben einpflanze, wachse und gedeihe ebenso wenig, wie die Verblichenen wieder lebendig aus den Gräbern steigen könnten. Der Geistliche war jedoch sicher, dass Gott gnädig sei und einen derart eingepflanzten Baum zum Wachsen bringen würde, um damit, als Zeichen seiner Allmacht, die Ruchlosigkeit des Jünglings zu strafen. Um dies zu beweisen, zog er die Linde aus dem Boden heraus und setzte sie kopfüber wieder in die Erde ein.

Der Priester sollte recht behalten, die Linde begann zu grünen und wuchs zu einem imposanten Baum heran. Und noch heute treibt die alte Friedhofslinde jedes Frühjahr aufs Neue wieder aus.

Adresse Geyersdorfer Straße 30, 09456 Annaberg-Buchholz | Anfahrt aus Richtung Chemnitz B95 nach Annaberg-Buchholz, der Beschilderung zum Markt folgen, Parkmöglichkeiten in der Tiefgarage unter dem Marktplatz, 15 Minuten Gehzeit | Tipp Auf dem Trinitatis-Friedhof befindet sich das Grabmal von Barbara Uthmann. Die Unternehmerin führte 1561 die Spitzenklöppelei im Erzgebirge ein.

12 Die Bergmännische Krippe

Meisterhafte erzgebirgische Schnitzkunst

»Es begab sich zu einer Zeit, als in den Städten Annaberg und Buchholz der Bergmann rege seinem Tagwerk in den Tiefen der Erde nachging und aus dem erzreichen Gebirge Eisen, Zinn, Kupfer, Kobalt und Silber förderte.« So beginnt die Geschichte von der Geburt Jesu – oder etwa nicht? Jedenfalls in Annaberg-Buchholz, wo das biblische Weihnachtsgeschehen in die Bergstadt des 19. Jahrhunderts versetzt wurde.

Die kleine Bergkirche St. Marien, die einzige bergmännische Sonderkirche Sachsens, birgt einen besonderen Schatz: die Bergmännische Krippe. Im Rahmen eines Kunstprojektes schufen erzgebirgische Holzbildhauer in 15 Jahren mehr als 30 geschnitzte und bemalte Großfiguren, die die »Annaberger Weihnachtsgeschichte« darstellen und auf einzigartige Weise die Verbindung zwischen Bergbau und christlichem Glauben zeigen.

Beim Rundgang durch das Gotteshaus kann man die lebensnah gestalteten Annaberger Bürger auf ihrem Weg zur Heiligen Familie begleiten. »Der Heiland ist geboren!« Ein Bergmann hat die frohe Kunde vernommen, voller Freude ruft er einem edel gekleideten Herrn die Neuigkeit zu. Möge dieser ihm folgen, im Haus des Bergzimmermanns Josef und seiner Frau Maria das Kind zu finden. Auch die Bäckerfamilie hat von dem Ereignis gehört und macht sich auf den Weg, um der Familie nützliche Geschenke wie einen frisch gebackenen Stollen und ein weiches Kissen zu überbringen. Die Klöppelfrau tuschelt mit der Posamentiererin, der Ruf der Nachtwächter hallt durch die Gassen, und ein Engel verkündet dem Waldarbeiter und dem Hausierer die Geburt Christi. So macht die frohe Botschaft bei den Bürgern, Handwerkern und Bergleuten der Stadt die Runde. Die drei Weisen aus dem Morgenland in Gestalt von drei Bergbeamten im Festtagshabit erweisen dem Sohn des »Großen Bergfürsten« ihre Ehre. Im Schein von Josefs Bergmannsleuchte wird das Kind in den Armen von Maria gestillt.

Adresse Bergkirche St. Marien, Münzgasse 5, 09456 Annaberg-Buchholz | **Anfahrt** aus Richtung Chemnitz B95 nach Annaberg-Buchholz, der Beschilderung zum Markt folgen, Parkmöglichkeiten in der Tiefgarage unter dem Marktplatz | **Öffnungszeiten** täglich 11–17 Uhr, während des Annaberger Weihnachtsmarktes täglich 11–18 Uhr | **Tipp** Im Besucherbergwerk »Im Gößner« sind in bis zu 24 Meter Tiefe direkt unter der Innenstadt Stollen und Schächte zu entdecken.

13 Das Neinerlaa

Tradition geht durch den Magen

Bereits im Mittelalter sollten sogenannte Nasenschilder die Aufmerksamkeit von Passanten erregen und sie zur Einkehr in die Gasthäuser animieren. Die schmiedeeisernen Schilder ragten dabei wie Nasen aus den Hauswänden der Wirtshäuser heraus. Das Schild an der Fassade des Ratskellers in Annaberg-Buchholz zeigt einen reichlich bestückten Speiseteller und weist damit auf eine kulinarische erzgebirgische Tradition hin.

Das »Neinerlaa« (Neunerlei) ist ein Weihnachtsgericht, das aus neun unterschiedlichen Speisen besteht und auch auf der Speisekarte des gleichnamigen Restaurants zu finden ist. In urigem Ambiente kann man sich den Weihnachtsklassiker schmecken lassen, der hier auf speziellen Tellern serviert wird. Das Neinerlaa kommt bei vielen Familien zu Heiligabend auf den Tisch und wird im Erzgebirge oft zur Weihnachtszeit angeboten. Die Zutaten können je nach Region und Familie unterschiedlich ausfallen, aber neun Speisen müssen stets aufgetragen werden.

Warum ausgerechnet neun? Die Zahl Neun ist durch die Glückszahl Drei teilbar und beschert daher dreifaches Glück. Jeder einzelnen Komponente des Festschmauses wird eine besondere Bedeutung zugeschrieben. Die Bratwurst soll die Kraft und die Herzlichkeit bewahren. Das Sauer- oder Rotkraut steht für langes Stroh auf dem Acker, also für eine gute Ernte. Klöße verheißen Wohlstand und symbolisieren das große Geld. Linsen hingegen bringen das Kleingeld ins Haus. Sellerie sorgt für Potenz und Fruchtbarkeit. Rote Bete verspricht Schönheit und rote Wangen. Die Semmelmilch, oft mit Nüssen serviert, schützt vor Erkältung. Mit dem Verzehr von Gans, Schweine- oder Kaninchenbraten bleibt einem das Glück hold. Kompott oder Bratapfel dürfen auch nicht fehlen, damit man sich des Lebens erfreuen kann. Das Neinerlaa ist also der beste Beweis dafür, dass aller guten Dinge nicht drei, sondern neun sind!

Adresse Ratskeller »Zum Neinerlaa«, Markt 1, 09456 Annaberg-Buchholz | Anfahrt aus Richtung Chemnitz B95 nach Annaberg-Buchholz, der Beschilderung zum Markt folgen, Parkmöglichkeiten in der Tiefgarage unter dem Marktplatz | Tipp Eine besondere Attraktion auf dem Annaberger Weihnachtsmarkt ist die Wichtelstadt. In 24 bunten Miniatur-Stuben lassen sich die fleißigen Helfer des Weihnachtsmannes bei ihrer Arbeit beobachten.

14 Der Dorothea-Stolln

Immer eine Handbreit Wasser unterm Kiel!

Ein »seemännisches« Abenteuer erwartet Besucher des Dorothea-Stollns in Annaberg-Buchholz. Gut, zugegeben, es ist auch möglich, die unterirdischen Gänge ausschließlich zu Fuß zu erkunden. Doch ist das Eintauchen in die diffuse Düsternis die weitaus spannendere Alternative: eine Führung inklusive Bootsfahrt!

Bevor das Vergnügen beginnen kann, steht selbstverständlich die Sicherheit der teilnehmenden Gäste im Vordergrund. Mit Helm, Umhang, Gummistiefeln und Lampe ausgestattet steht der Reise durch die über 500 Jahre alten Gänge aber nichts mehr im Wege.

Bereits um 1530 begann man hier an Ort und Stelle mit dem Abbau des Erzganges, der »Himmlisch Heer Stehenden« genannt wurde. Der ertragreichen Silberausbeute verdankt der Stollen wohl auch seinen Namen, denn »Dorothea« entstammt dem Griechischen und bedeutet »Geschenk Gottes« oder auch »Gottesgabe«. Später wurden zusätzlich Nickel-, Kobalt- und Kupfererze geschürft. Allerdings wurde nicht kontinuierlich an dieser Stelle Bergbau betrieben. Es gab Zeiten, in denen der Stollen brachlag und nicht befahren wurde. Endgültig Schluss war dann Mitte der 50er Jahre, nachdem die SAG Wismut nach dem Zweiten Weltkrieg Uranpechblende abgebaut hatte.

Mit einem erzgebirgischen »Gliggauf« beginnt die außergewöhnliche Führung. Wer möchte, darf zusätzlich sicherheitshalber auch »Mast- und Schotbruch« flüstern. Das durch das Mundloch einfallende Tageslicht reicht nicht weit. Nur gut, dass angebrachte Lampen den Weg erhellen. Doch die Elektrifizierung endet nach rund 350 Metern, und nur noch die tanzenden Lichter der Helmlampen helfen, den Weg zum Anleger zu finden. Nach der über 100 Meter langen Bootsfahrt geht es zu Fuß weiter bis zu einer Stelle, an der reizvolle Tropfsteingebilde zu bestaunen sind. Der Rückweg hält dann – für die jetzt bereits erfahrenen »Seeleute« – eine weitere Fahrt im Boot bereit.

Adresse Dorotheenstraße 8, 09456 Annaberg-Buchholz-Cunersdorf, www.dorotheastollen.de | **Anfahrt** aus Richtung Chemnitz B95 nach Annaberg-Buchholz, nach dem Ort rechts auf August-Bebel-Straße, am Ende der Straße rechts abbiegen und der Beschilderung zum Stollen folgen | **Öffnungszeiten** Führungen Mo–Fr 9–14 Uhr, Sa 10–14 Uhr | **Tipp** Laut wird es, sobald in der Sehmatalstraße im »Frohnauer Hammer« das Schlagwerk angeworfen wird. Die Vorführung des historischen Hammerwerks und der Blasebälge sind Bestandteile des Rundgangs durch das Museum.

15 Das Blaufarbenwerk

Blau-Macher in Oberschlema

Schon einmal von Smalte oder Saflor gehört? Wer nun an ausgefallene Vornamen denkt, liegt falsch. Beide Begriffe stehen in Zusammenhang mit der Farbe Kobaltblau. Smalte ist das Blaupigment, das eigentliche Farbmittel, und Saflor der dazugehörige Ausgangsstoff, der aus kobalthaltigem Erz gewonnen wurde. Hergestellt wurde dieses Produkt in Blaufarbenwerken, und das weltgrößte Werk stand einst in Bad Schlema. Eine gusseiserne Tafel am unteren Ende des Kurparks erinnert daran. Heutzutage zirpen an dieser Stelle Grillen, Vögel zwitschern. Kaum vorstellbar, dass hier früher in über 40 Gebäuden produziert wurde. Zu den Abnehmern gehörten nicht nur Kunden aus Übersee. Auch wurde das Pigment dazu eingesetzt, die Delfter Kacheln und das Meissner Porzellan zu färben.

Los ging diese Erfolgsstory im Jahr 1644. Der Fundgrübner (Bergbautreibende) Johann Burkhardt gründete die Fabrik und erweiterte sie rasch. Allerdings konnte er sich nicht lange an seinem Erfolg erfreuen. 1651 starb Burkhardt, und das Werk ging an den sächsischen Kurfürsten. Im Jahr 1677 wurde es dann mit der Fabrik in Unterjugel bei Johanngeorgenstadt zusammengelegt, später lange Zeit verpachtet, bis es dann 1830 dem sächsischen Staat übertragen wurde. Dass das Blaufarbenwerk zu der Zeit immer noch wichtig war, bewies der Bau der Schlematalbahn: Der Bahnhof wurde gegenüber der Fabrik errichtet, und seit der Eröffnung der Bahnlinie 1859 führte ein Anschlussgleis auf das Werksgelände. Nach dem Zweiten Weltkrieg wurde das Areal an die Sowjets zwangsverpachtet und eine Weile als Uranaufbereitungsanlage genutzt. Zwischenzeitlich übernahm die Wismut AG, 1964 war dann endgültig Schluss, und die Abbrucharbeiten begannen.

Zurück blieb eine Ruhe, die die Gäste des Kurparks heutzutage ungestört von Fabriklärm genießen dürfen. Und wer weiß: Vielleicht sind ja ab und zu einige sprichwörtliche Blaumacher darunter.

Adresse Am Kurpark, 08301 Aue-Bad Schlema | Anfahrt A72, Ausfahrt Stollberg-West, B169 über Aue und Schneeberg, rechts auf Hauptstraße Richtung Bad Schlema abbiegen, weiter bis zum Parkplatz »Wendestelle Am Kurpark« | Tipp Im Kurpark am Lichtloch 15 steht das historische Wasserausgabehäuschen. Hier gab es einen direkten Zugang zum Radonwasser. Das Gebäude bietet interessante Informationen und Bilder zur Geschichte des Radons in Bad Schlema.

16__Der Ehrenhain

Das schwerste Grubenunglück der DDR

Beschaulich geht es zu in der Lößnitzer Straße in Bad Schlema. Häuser reihen sich aneinander, hier und dort ein Geschäft. Kaum etwas deutet noch darauf hin, dass hier im 20. Jahrhundert intensiv Bergbau betrieben wurde. Dafür sorgte ab 1990 die Wismut GmbH, die eine grundlegende Sanierung der Bergbaulandschaft möglich machte. Damit begann zugleich der Wandel der Stadt weg vom Montanwesen hin zu einem Kurort. Allerdings wäre all das kaum erwähnenswert, hätte sich an dieser Stelle nicht das schrecklichste Grubenunglück der DDR ereignet.

Es beginnt alles an einem Freitag. Am 15. Juli 1955 fahren die Bergarbeiter der SAD/SDAG Wismut zur Nachtschicht in den Schacht 250 ein. Zunächst verläuft alles wie immer. Es wird im Akkord geschuftet, die Presslufthämmer dröhnen, Steine werden herausgebrochen, Abraum abtransportiert. Wie an vielen anderen Orten im Erzgebirge auch wird hier Uran abgebaut. Plötzlich stutzen die Männer. Sie nehmen einen ungewöhnlichen Geruch wahr. Rasch wird ihnen klar: Hier stimmt etwas nicht! Es brennt! Später wird sich herausstellen, dass der Brand in 480 Meter Tiefe ausbrach. Ursache war ein Kurzschluss an einem Stromschalter.

Begünstigt durch die Luftverhältnisse im Schacht, breitet sich das Feuer rasend schnell aus. Die Evakuierung erfolgt, jedoch schaffen es zehn Kumpel nicht rechtzeitig heraus. Vom Feuer und Rauch bedroht, mauern sich fünf von ihnen geistesgegenwärtig selbst ein und überleben so. Drei Tage nach Beginn der Katastrophe werden sie in Sicherheit gebracht. Für die anderen fünf gibt es keine Rettung. Fatal: Durch technische und organisatorische Defizite sterben bei einer Rettungsaktion weitere 28 Männer. Somit summiert sich die Zahl der Opfer auf 33. Der Brand selbst konnte erst nach einer Woche gelöscht werden.

1996 wurde am ehemaligen Schacht 250 ein Ehrenhain zum Gedenken an die bei der Katastrophe umgekommenen Bergarbeiter errichtet.

Adresse Lößnitzer Straße, 08301 Aue-Bad Schlema | Anfahrt A72, Ausfahrt Hartenstein, in Hartenstein über Bahnhofstraße, Talstraße, Hauptstraße und Auer Talstraße bis Bad Schlema, rechts auf Lößnitzer Straße abbiegen | Tipp Das »Museum Uranbergbau« in Aue-Bad Schlema dokumentiert die Geschichte der Wismut AG und vermittelt Besuchern einen eindrucksvollen Einblick in die schwere und gefahrvolle Arbeit der Kumpel. Auf einer Fläche von 700 Quadratmetern beherbergt das Museum etwa 2.000 Ausstellungsstücke.

17_Der Zoo der Minis

Klein, kleiner, am kleinsten

Der Zoo der Minis ist ein Tierpark der ganz besonderen Art, der seine Besucher am Stadtrand von Aue-Bad Schlema erwartet. Wie der Name verrät, trifft man hier nicht etwa auf Gorillas, Elefanten oder Nilpferde, sondern das Motto des Zoos lautet »Tierische Zwerge ganz groß«. Über 400 Tiere beherbergt der Tierpark, der die kleinsten Vertreter aus dem Tierreich in den Fokus rückt. Ein weltweit einmaliges Konzept, das erst in den 1990er Jahren verwirklicht wurde. Der damalige Tiergarten Aue stieß mit einer geplanten Modernisierung an seine räumlichen Grenzen. Was nicht passt, wird passend gemacht – das Getier wurde einfach »geschrumpft«. Diese clevere Idee rettete schließlich den Standort des Zoos und ermöglichte zugleich eine artgerechte Unterbringung der Tiere auf dem zwei Hektar großen Areal.

Bei einem Spaziergang über das Gelände begegnen einem Rinder in der Größe von Schafen, seltene Minipferde oder Igeltanreks, die zwar wie Miniatur-Igel aussehen, aber keine sind. Neben den kleinsten Haustierrassen und skurrilen Insekten leben in den naturnah angelegten Gehegen ebenso seltene Minis aus der Wildnis. Als Teilnehmer des Europäischen Erhaltungszuchtprogramms (EEP) widmet sich der Zoo auch vom Aussterben bedrohten Arten, beispielsweise den Chinesischen Leoparden, den aus Südamerika stammenden Salzkatzen oder den Palawan-Pfaufasanen. Das Artenangebot ist überaus vielfältig, die Namensliste lang. Von A wie Agaporniden bis Z wie Zwergseidenäffchen ist alles vertreten, was Rang und (Zwerg-)Namen hat. Und wer hat schon mal von einem Kurzohrrüsselspringer, einer Dorngespenstschrecke oder einem Sugar Glider gehört? Wissenswertes über die Tiere verraten die Informationstafeln an den Gehegen. Dabei gibt es einige originelle Schilder, die zweisprachig gestaltet sind: in Deutsch und Arzgebirgsch. Ein Ausdruck von Heimatliebe und Verbundenheit zum Erzgebirge.

Adresse Damaschkestraße 1, 08280 Aue-Bad Schlema, www.zooderminis.de | Anfahrt A72, Ausfahrt Hartenstein, Richtung Aue, auf Höhe Erzgebirgsstadion rechts auf B169 und weiter bis zur B101 fahren, links abbiegen und der Beschilderung folgen | Öffnungszeiten Sommerzeit täglich 9–18 Uhr, Winterzeit täglich 9–16 Uhr | Tipp Wenige Kilometer entfernt, in Lauter-Bernsbach, befindet sich das Spirituosenmuseum »Alte Laborantenkunst«. Besucher erfahren Details über die Schnapsbrennerei. Angeschlossen sind eine Probierstube und ein Museumsladen.

18__Wikusawa

Die Natur als Atelier

Wikusawa – das klingt geheimnisvoll. Was verbirgt sich dahinter? Nein, es ist keine Insel im Pazifik, sondern ein Ort, an dem man in die Vielfalt der Natur eintauchen, die Ruhe genießen, die Waldatmosphäre mit allen Sinnen spüren und sich vom Alltag erholen kann. Aber nicht nur das, hier lässt sich Kunst in und mit der Natur gestalten und erleben.

Nördlich von Aue-Bad Schlema, mitten im sagenumwobenen Poppenwald, liegt der Wildbacher Kunst- und Sagenwald. Die Idee zu diesem Projekt stammt von einer Gruppe junger Mütter. Nach einer Bewerbung bei der Robert-Bosch-Stiftung wurden sie in das Programm »Neulandgewinner« aufgenommen. Die Stiftung fördert engagierte Menschen mit innovativen Ideen, die einen nachhaltigen sozialen Mehrwert für das Allgemeinwohl schaffen und damit das Leben in ihrer Region bereichern. Auf dem ehemaligen Schachtgelände der Wismut gründeten sie den Wikusawa, wo man jetzt seiner Kreativität frönen kann.

Inmitten alter Buchen, Eichen und Kiefern können alle, die Freude daran haben, künstlerisch aktiv werden. Zapfen, Gräser, Stöcke, Blätter oder Steine – unter Beachtung des Naturschutzes und Einhaltung festgelegter Regeln kann man ans Werk gehen und alles nutzen, was der Wald zur jeweiligen Jahreszeit hergibt, mitgebrachte Naturmaterialien sind ebenfalls erlaubt. Ob man nun Baumgesichter, Steintürmchen oder Wurzelgeister kreiert, die Kunstwerke sind nicht für die Ewigkeit gemacht, am Ende werden sie wieder der Natur überlassen. Entlang der Wege und Pfade baumeln Windspiele in den Ästen, Bäume beobachten die Besucher aus aufgemalten Augen.

Der Wikusawa lädt ein, auf Entdeckungsreise zu gehen. Und dabei erspäht man manche Dinge auch erst auf den zweiten Blick. Hier kommen kleine und große Naturliebhaber auf ihre Kosten. Eine tolle Möglichkeit, im Wald frische Luft zu schnappen und sich von der Schönheit der Natur inspirieren zu lassen.

Adresse Wildbacher Hauptstraße, 08301 Aue-Bad Schlema-Wildbach | Anfahrt A72, Ausfahrt Stollberg-West, B169 über Aue und Schneeberg, in Bad Schlema rechts auf Hauptstraße abbiegen, dem Straßenverlauf folgen, dann links auf Wildbacher Hauptstraße, Parkmöglichkeiten am Bismarckstein, 5 Gehminuten | Tipp Etwa einen halben Kilometer entfernt thront die Burgruine Isenburg über dem Zwickauer Muldental. Ein mystischer Ort, der Ruhe und Frieden ausstrahlt.

19 Das Riesen-Fensterbrettl

Eine alte Tradition

Viele Städte und Gemeinden schmücken sich mit einem klangvollen Beinamen, der den Charakter und die Identität des Ortes unterstreichen soll. Wie passend sie sind, darüber lässt sich streiten. Häufig wird mit dem Namenszusatz berühmter Töchter und Söhne einer Stadt gedacht, auch regionale oder landschaftliche Besonderheiten können namensprägend sein. Aber mal ehrlich, wecken die charmanten Beinamen nicht auch den Wunsch, die Orte zu erkunden? Im Erzgebirge warten beispielsweise »Das silberne Herz Sachsens«, die »Stadt der sieben Täler« oder die »Adam-Ries-Stadt« auf Besucher.

Und was hat es nun mit dem »Fensterbrettl-Dorf« auf sich? Nicht von ungefähr trägt die Gemeinde Auerbach in der Greifensteinregion diesen Namen, der auf eine alte Tradition aus der Weihnachtszeit zurückgeht. Wenn die Tage kürzer werden und die stille Zeit beginnt, erstrahlen im Erzgebirge die meist von Schwibbögen beleuchteten Häuser im Lichterglanz. In Auerbach hingegen sieht man schmale, mit kleinen Häuschen, Bäumen und Figuren dekorierte Bretter in den Fenstern.

In früheren Zeiten dienten Moospolster zwischen den damals üblichen Doppelfenstern zum Schutz vor Kälte. In der Adventszeit wurden diese mit geschnitzten weihnachtlichen Figuren und Kerzen verschönert. Im Jahr 1911 entdeckte der Volksschullehrer Hellmuth Vogel in einem Auerbacher Fenster ein besonders hübsches Fensterbrettl mit Moos. Ein fast vergessener Brauch, der den jungen Mann so begeisterte, dass er die Tradition wieder aufleben lassen wollte. Er begann, mit seinen Schülern Bretter nebst Häusern zu bauen, die mit der Zeit immer mehr Fenster eroberten und romantisches Licht im Advent verbreiteten.

Eine Attraktion in Auerbach ist das »Riesen-Fensterbrettl« im Ortszentrum, eine sechs Meter lange XXL-Version, die zu Ostern frühlingshaft und zur Weihnachtszeit mit einer beleuchteten Dorflandschaft aus Holz geschmückt wird.

Adresse Hauptstraße, 09392 Auerbach im Erzgebirge | **Anfahrt** aus Richtung Chemnitz B95 bis Gelenau, rechts auf Auerbacher Straße, dieser bis Thumer Straße folgen, rechts abbiegen, Parkmöglichkeiten im Ort | **Tipp** Auf dem Auerbacher Rundweg treffen Wanderfreunde auf das Karzl, die Galionsfigur des Räucherkerzenherstellers Huß.

20 Der Pranger

August der Starke und der falsche Prinz

Weithin sichtbar thront das Jagdschloss Augustusburg auf dem Schellenberg am Nordrand des Erzgebirges. Im Renaissancestil zwischen 1568 und 1572 erbaut, beheimatet es heute unter anderem ein Motorradmuseum und eine Kutschensammlung.

Bei all der ins Auge fallenden Pracht übersehen viele Besucher oftmals eine Komponente des Schlosses, die eher unscheinbar daherkommt, doch dereinst von großer Wichtigkeit war: den Pranger. Nähert man sich dem Haupttor des Schlosses von der Zahnradbahn oder über die Zufahrtsstraße, so entdeckt man ihn rechter Hand. Dieser unscheinbare Stein ist ein Zeugnis früherer Bestrafung durch öffentliche Schande. Die Bestraften wurden dabei den Diffamierungen der Bevölkerung ausgesetzt. Dass jedoch eine solche Strafe nicht immer wie angedacht funktionierte, beweist eine wahre Begebenheit aus dem Jahr 1714. Diese steht in direktem Zusammenhang mit dem Pranger vor dem Schloss: der Fall der Hochstaplerin Sophie Sabina Apitzsch.

Von ihrem Zuhause entflohen, da sie sich nicht zwangsverheiraten lassen wollte, reiste Sophie in Männerkleidung inkognito durch das Land. Irrtümlich wurde sie dabei für den sächsischen Kurprinzen gehalten. Da sie dieses Missverständnis nicht aufklärte, wurde sie verhaftet und auf Schloss Augustusburg eingesperrt. August der Starke befahl kurz darauf, die Schwindlerin an den Pranger zu stellen. Und so geschah es auch. Doch »Prinz Lieschen«, wie Sophie inzwischen vom Volke genannt wurde, war aufgrund ihres Streiches derart beliebt, dass sie keine Schmähungen bei der öffentlichen Vorführung erdulden musste.

Leider aber tat man der Frau wohl am Ende damit keinen Gefallen, denn möglicherweise hätte eine »echte« Prangerstrafe ihren weiteren Lebensweg positiv beeinflusst. So aber schrieb Sophie noch ein weiteres Mal Geschichte: Als erste Frau wurde sie wenig später im Zuchthaus Waldheim inhaftiert.

Adresse Schloss 1, 09573 Augustusburg, www.die-sehenswerten-drei.de | Anfahrt aus Richtung Chemnitz S236 bis Augustusburg fahren, der Beschilderung zum Schloss folgen, Parkmöglichkeiten unterhalb des Schlosses, Pranger vor dem Haupttor des Schlosses 10 Gehminuten entfernt | Öffnungszeiten frei zugänglich | Tipp In einem kleinen Park am Fuße des Schlossberges sitzt die von zwei Drachen bewachte »Muschelminna«. Der wunderschöne Märchenbrunnen aus dem Jahr 1907 hatte einst seinen Platz im Innenhof der Augustusburg.

21 Die Tagebücher

Ein Absturz mit Spätfolgen

Wer auf den Spuren des größten journalistischen Erdbebens in der Geschichte der Bundesrepublik wandeln möchte, der sollte nach Börnersdorf reisen. Denn dort, in der kleinen Ortschaft im südlichen Erzgebirge, stürzte am 21. April 1945 eine Transportmaschine ab. Und dieses Ereignis trug viele Jahre später mit dazu bei, dass sich zwei westdeutsche Reporter einen riesigen Bären aufbinden ließen.

Aber der Reihe nach. Das besagte Flugzeug gehörte zur Flugbereitschaft von Hitlers Stab. Bereits kurz nach dem Absturz schossen erste Gerüchte ins Kraut. Einige Passagiere konnten bis heute nicht identifiziert werden. Waren etwa Adolf Hitler und seine Frau Eva Braun unter den Opfern? Oder andere hochrangige Funktionäre?

Der Krieg endete, die Spekulationen nicht. Der größte Teil der Fracht war verschwunden. Überhaupt: Was war so wichtig gewesen, dass es aus Berlin ausgeflogen werden musste? Goldbarren etwa? Wichtige Baupausen von neuen Vergeltungswaffen? Möglicherweise sogar Uran? Oder … Hitlers Tagebücher?

Auftritt der »Stern«-Journalisten Gerhard Heidemann und Thomas Walde. Sie stießen Anfang der 80er Jahre bei Recherchen angeblich auf Hitlers Tagebücher. Am 28. April 1983 veröffentlichte der »Stern« die ersten Auszüge. Doch die Freude über die riesige Zeitschriftenauflage währte nur kurz. Bereits wenig später wurde klar: Die Hitler-Tagebücher waren gefakt, gefälscht von dem in Sachsen geborenen Maler Konrad Kujau. Und um seinen Fälschungen eine plausible Herkunft zu geben, hatte er angegeben, dass die Tagebücher aus der bei Börnersdorf abgestürzten Transportmaschine stammten.

Nachdem sich die erste Aufregung gelegt hatte, kehrte in der kleinen Ortschaft wieder Ruhe ein. Heute erinnert ein Gedenkstein an die Toten des Flugzeugabsturzes. Auch die unbekannten Opfer fanden hier ihren Platz. Und solange diese nicht identifiziert sind, darf wohl weiter spekuliert werden.

Adresse 01816 Bad Gottleuba-Berggießhübel-Börnersdorf | **Anfahrt** A17, Ausfahrt Gottleuba, Richtung Börnersdorf, weiter bis Kirche bzw. Friedhof | **Tipp** Über Liebstadt erhebt sich das Schloss Kuckuckstein. Hier übernachtete 1813 Napoleon Bonaparte. Die Besichtigung ist nach Absprache möglich. Es werden verschiedene Veranstaltungen angeboten, unter anderem auch Gruselführungen (www.schloss-kuckuckstein.de).

22 Das Anton-Günther-Grab

Letzte Ruhestätte des Erfinders der Liedpostkarte

Abseits des touristischen Rummels in Boží Dar (Gottesgab), auf einem mit einer Mauer eingeschlossenen Friedhof, befindet sich das Grab des deutschen Volksdichters und Sängers Anton Günther. In den Grabstein ist sein Porträt gemeißelt, auf dem Kopf trägt er seinen markanten Hut.

Bei einem Besuch des Erzgebirges wird jeder irgendwann auf Spuren dieses erzgebirgischen Dichters, dessen mundartliche Gedichte und Lieder eine tiefe Zuneigung und Liebe für seine Heimat ausdrücken, stoßen. So gibt es zum Beispiel einen Anton-Günther-Steig, der 65 Kilometer lang ist, Plätze und Straßen sind nach ihm benannt, und auch auf einheimischen Likörflaschen ist das Konterfei des Dichters zu sehen. Es lohnt sich also, mehr über diesen besonderen Menschen zu erfahren.

Anton Günther wird am 5. Juni 1876 in Gottesgab geboren. Er wuchs in einer musikalischen Familie auf und war sehr naturverbunden. Da er Talent zum Zeichnen besaß, sorgte sein Vater dafür, dass er bei einem Lithografen in die Leere gehen konnte. Die Ausbildung schloss Günther erfolgreich ab, und er fand eine Anstellung in Prag. Von Heimweh geplagt, begann er, Lieder über seine Heimat zu komponieren. Da seine Texte sehr beliebt waren, druckte Günther sie auf Postkarten und fügte kleine Zeichnungen hinzu. So wurde er zum Erfinder der Liedpostkarte. Nach dem Tod seines Vaters im Jahr 1901 kehrte Günther aus der ungeliebten Ferne zurück in die Heimat. Ab dem Zeitpunkt trat er als Heimatsänger auf und wurde mit der Zeit auch überregional bekannt. Schallplattenaufnahmen, Rundfunksendungen und seine Liedpostkarten trugen wesentlich zu seinem Erfolg bei. Leider aber wurde der Dichter im Alter von Schwermut geplagt. Am 29. April 1937 schied er freiwillig aus dem Leben.

Die Beisetzung fand am 2. Mai 1937 in Gottesgab statt. Seitdem ruht Anton Günther unweit der Grabstätte seiner Großmutter. Die Grabinschrift lautet: »S‘ist Feieromd«.

Adresse 36262 Boží Dar (Gottesgab), Tschechien | Anfahrt ab Chemnitz B174, ab Gronau der B180 folgen, vor Ehrenfriedersdorf auf die B95, über Annaberg-Buchholz bis Oberwiesenthal, Grenzübergang Gottesgab, Parkmöglichkeiten am Ortseingang Gottesgab, 15 Minuten Gehzeit | Tipp Geht man auf dem Rückweg vom Friedhof durch Boží Dar zum Marktplatz, entdeckt man linker Hand das Haus, in dem der Heimatdichter wirkte. Eine Schautafel informiert darüber.

23 Der Christkindweg

So macht Kindern das Wandern Spaß!

Wo wohnt eigentlich das Christkind? Für die Kinder im böhmischen Erzgebirge ist das klar: Das Christkind wohnt in Boží Dar (Gottesgab). Die höchstgelegene Stadt Tschechiens, einen Steinwurf von Oberwiesenthal entfernt, befindet sich in luftigen 1.028 Metern Höhe. Einen besseren Ort hätte das Christkind als Domizil nicht wählen können. Seit 1994 amtiert es hier auf der Hochebene quasi »im Himmel« und bearbeitet die Weihnachtspost. Ein hölzernes Abbild des himmlischen Kindes steht vor dem Informationszentrum. Blond gelockt, weiße Flügel, langer Mantel, Schal und Bommelmütze – so kommt das tschechische Christkind daher, unterwegs auf einer Schäfchenwolke zieht es einen Sack voller Geschenke hinter sich her.

Und nicht nur alle Jahre wieder, sondern an 365 Tagen im Jahr können Kinder und Erwachsene in Boží Dar auf den Spuren des Christkindes wandeln. Der »Christkindweg« verläuft durch eine bezaubernde Moor-und Heidelandschaft und kann je nach Alter der Kinder und sogar mit Kinderwagen in einer kürzeren Runde (5,6 Kilometer) oder auf einer längeren Tour (12,9 Kilometer) erwandert werden. Kleine Schutzhütten, die an Wartehäuschen von Bushaltestellen erinnern, säumen den Weg. Auf zweisprachigen Infotafeln lernt man die Windkönigin, Sternchen, Fledermäuschen und die anderen Helfer des Christkindes kennen, die verschiedene Aufgaben bereithalten. Im Christkindnotizbuch, das im Infocenter erhältlich ist, werden die Lösungen eingetragen. Unterwegs gibt es für die Kids aber noch mehr zu entdecken: Spielgeräte, die zum Toben einladen, und allerlei märchenhafte Holzfiguren sorgen für Spaß. Und wie weit ist es bis zur nächsten Station? Wegweiser liefern die Antwort, sie geben die Entfernung in Kinderschritten an. Als Belohnung wartet auf die fleißigen kleinen Wanderer gegen Vorlage des ausgefüllten Notizbuchs ein Geschenk vom Christkind – und das nicht nur zu Weihnachten!

Adresse Boží Dar 1, 36262 Boží Dar (Gottesgab), Tschechien | Anfahrt ab Chemnitz B174, ab Gronau der B180 folgen, vor Ehrenfriedersdorf auf die B95, über Annaberg-Buchholz bis Oberwiesenthal, Grenzübergang Gottesgab, Parkmöglichkeiten am Ortseingang | Tipp Der Hausberg von Boží Dar ist der Klínovec (Keilberg). Mit 1.243,7 Metern ist er der höchste Berg im Erzgebirge. Ein Sessellift fährt bis auf den Gipfel.

24 Die Judoka-Figuren

Geheimsache Sportpark Rabenberg

Konzentriert, ineinander verschlungen, zum Kampf bereit. Wer wird über den Gegner triumphieren?

Wetten darüber dürfen zwar abgeschlossen werden, doch zu einer Gewinnausschüttung wird es niemals kommen. Denn die zwei lebensgroßen Judoka-Figuren vor dem Haupteingang des Sportparks Rabenberg sind aus Bronze gefertigt und rühren sich keinen Millimeter vom Fleck. Und das ist auch gut so, wo doch ihre eigentliche Aufgabe darin besteht, an die DDR-Vergangenheit des Komplexes auf dem 900 Meter hohen Rabenberg zu erinnern. Wo heute ein auf Aktivurlaub spezialisiertes Hotel die Gäste empfängt, trainierten zu DDR-Zeiten Athletinnen und Athleten unter Ausschluss der Öffentlichkeit.

Eine schmale Straße führt von Breitenbrunn vier Kilometer durch einen Tannenwald. Bereits bei der Anfahrt zum Sportpark fällt auf, wie einsam die Anlage gelegen ist. Also beste Voraussetzungen, sollte man etwas im Schilde führen. So wie das Staatliche Komitee für Körperkultur und Sport der damaligen DDR Ende der 50er Jahre. Das Komitee suchte ein Areal, das für ein Höhentraining geeignet war und auf dem die Konkurrenz den Trainierenden nicht in die Karten schauen konnte. Fündig wurden sie schließlich auf dem Rabenberg. Das Plateau war in den Jahren zuvor bereits von der Wismut AG erschlossen worden. Diese aber hatte keine Verwendung mehr für die Gebäude, da sie den Uranabbau dort oben just zu diesem Zeitpunkt einstellte. Rasch wurde man sich einig, und bereits kurz darauf begann der Umbau der Anlage zu einem von Stacheldraht umgebenen, abgeschotteten Sportkomplex. Bereits ab 1963 wurde der Lehrgangsbetrieb aufgenommen, am 4. Januar 1968 erfolgte dann die offizielle Einweihung als Sportschule des DTSB der DDR. Selbstverständlich kam dabei auch der Judosport nicht zu kurz. Und so schließt sich der Kreis zu den beiden eingangs erwähnten Athleten aus Bronze, die im ewigen Kampf vereint sind.

Adresse Rabenberg, 08359 Breitenbrunn/Erzgebirge | Anfahrt A72, Ausfahrt Hartenstein, Richtung Aue, auf Höhe Erzgebirgsstadion rechts auf die B169, weiter zur B101 und bis Schwarzenberg, rechts auf Schneeberger Straße abbiegen, der Beschilderung Breitenbrunn/Johanngeorgenstadt folgen, in Breitenbrunn ausgeschildert | Tipp Nicht nur für Kletterbegeisterte sind die Teufelssteine ein Anziehungspunkt. Die am Steinbachweg gelegene imposante Felsgruppe besteht aus Eibenstocker Granit und ist ein beliebtes Fotomotiv.

25__Die Von-Carlowitz-Plastik

Die Erfindung der Nachhaltigkeit

Die Burg Rabenstein symbolisiert das nördliche Tor zum Erzgebirge. Bei der Anreise mit dem Auto liegt sie auf dem Weg, sofern die Ausfahrt Limbach-Oberfrohna von der A4 gewählt wird. Auf einem Felssporn erbaut, gilt sie als kleinste mittelalterliche Burg Sachsens und gehört zum Chemnitzer Schlossbergmuseum. Eine Führung lohnt sich, denn im alten Rittersaal sind wunderschöne Fresken mit Jagdmotiven zu bewundern. Allerdings: So schön diese gemalten Kunstwerke auch anzusehen sind, sie sind es nicht, die das Alleinstellungsmerkmal der Burg Rabenstein ausmachen. Denn Fresken gibt es auf der Welt viele, aber es gibt nur diesen einen Ort, an dem der Erfinder der Nachhaltigkeit am 4. Dezember 1645 geboren wurde: Auftritt Johann »Hannß« Carl von Carlowitz.

Von Carlowitz war ein weit gereister Mann und erkannte rasch, dass in Europa eine Holzknappheit herrschte. Das hinterließ bei ihm offenbar einen bleibenden Eindruck. Denn im Jahr 1713, inzwischen zum sächsischen Oberberghauptmann am kursächsischen Oberbergamt in Freiberg ernannt, verfasste er das Werk »Sylvicultura oeconomica«. Dort findet sich zum allerersten Mal das, was heutzutage als Maxime für einen verantwortungsvollen Umgang mit der Natur verstanden wird: niemals mehr verbrauchen als nachkommen kann. Von Carlowitz machte diesen Grundsatz anhand der Forstwirtschaft fest. Er forderte, dass nie mehr Holz geschlagen werden sollte, als durch planmäßige Aufforstung wieder nachwachsen kann. Und auch wenn er es nicht explizit formulierte, so bedeutete sein Gedanke zugleich, nicht auf Kosten zukünftiger Generationen zu leben.

Leider war es von Carlowitz nicht vergönnt, lange zu beobachten, welchen Einfluss sein Buch auf das Forstwesen ausübte. Bereits im Jahr nach dem Erscheinen verstarb er am 3. März 1714 in Freiberg.

Die Bronzeplastik im Burggraben der Burg Rabenstein erinnert an ihn.

Adresse Oberfrohnaer Straße 149, 09117 Chemnitz-Rabenstein | Anfahrt A4, Ausfahrt Limbach-Oberfrohna, links auf Oberfrohnaer Straße, der Beschilderung folgen | Öffnungszeiten frei zugänglich | Tipp Von der Burg Rabenstein ist es nicht weit zur Eselsbrücke. Der hölzerne Esel erinnert an die Brücke, die hier ehemals eine Eisenbahnlinie überspannte. Bei der Einweihungsfeier soll ein Esel nebst Karren als Erster das Bauwerk überquert haben.

26 Die Hofkäserei Fritzsch

Köstlichen Käse kaufen

Mäuse lieben Käse, das weiß jedes Kind. Kein Wunder also, dass ein putziges Nagetier die Besucher der Hofkäserei Fritzsch an der Einfahrt begrüßt. Zufrieden hebt es den ausgestreckten Daumen, während es auf einem Gouda-Rad reitet.

Niemand sollte allerdings jetzt denken, die Käserei in Crottendorf habe ein Problem mit der Hygiene. Diese Maus hier ist aus Holz geschnitzt und bewegt sich keinen Millimeter in Richtung des Käselagers. Also alles im grünen Bereich in der höchstgelegenen Käserei des Erzgebirges. Wobei dieses Wissen über die Höhenlage nichts ist, was man sich merken müsste. Viel wichtiger ist es, den Fokus auf die vorzüglichen Erzeugnisse zu legen, die der älteste Familienbetrieb Sachsens in der elften Generation seit 1595 herstellt. Die Produktpalette reicht von Hartkäse, Weichkäse und Frischkäse über Butter und Jogurt bis hin zu einem vorzüglichen Milchschnaps. Insbesondere Radlern, die die beliebte »Stoneman Miriquidi Road« befahren, sei noch ein Tipp in die Fahrradtasche gelegt: An sonnigen Tagen wird auch Eis gereicht.

Die Zutaten für all das stellt die Käserei größtenteils auf dem eigenen Hof her. Für die Familie Fritzsch bietet das den Vorteil, die Produktionskette von Anfang an überwachen zu können. Das führt logischerweise dazu, dass der Betrieb für die Qualität seiner Erzeugnisse uneingeschränkt einstehen kann. Hofeigene Milch von artgerecht gehaltenen Kühen, die Futter von erzgebirgischen Wiesen wiederkäuen und auf Wasserbetten ausruhen dürfen; das ist gelebte Nachhaltigkeit, die dem hauseigenen Käse zugutekommt. Und das schmeckt man. Selbstverständlich darf im Laden nicht nur geshoppt, sondern auch gekostet werden. Denn wer kauft schon gern die Katze im Sack beziehungsweise den Käse ohne vorangegangen Probierhappen?

Und wer weiß: Vielleicht erfährt man dabei auch den Namen der eingangs erwähnten Maus.

Adresse Annaberger Straße 158, 09474 Crottendorf, www.hofkaeserei-fritzsch.de | Anfahrt A72, Ausfahrt Stollberg-West, Richtung Zwönitz und Elterlein bis Scheibenberg, dort auf der B101 nach Schlettau, in Schlettau rechts auf Böhmische Straße, der Beschilderung nach Crottendorf folgen | Öffnungszeiten Mo–Mi 8–15 Uhr, Do, Fr 8–17 Uhr, Sa 9.30–12 Uhr | Tipp Am westlichen Ortseingang von Crottendorf befindet sich das Räucherkerzenland. Hier steht eine 15 Meter hohe Räucherkerze, die ein kleines Museum beherbergt. Angeschlossen ist unter anderem ein Outdoor-Erlebnisspielplatz.

27__Der Sauensäger

Kunst mit der Motorsäge

Wunderschöne Ausblicke auf Flusstäler, waldbedeckte Hügel, Vogelgezwitscher und … der Lärm einer Kettensäge? Bitte? Wer stört? Der Gedanke an Forstarbeiten liegt nahe. Doch es könnte auch sein, dass der Künstler Andreas Martin die Motorsäge angeworfen hat. Er ist der »Sauensäger«. Seine Arbeiten sind so legendär, dass selbst Stefan Raab einst auf ihn aufmerksam wurde und ihn zur Show »TV total« einlud.

Seit seiner Kindheit schnitzt der in Olbernhau geborene Künstler. Damals nutzte er dafür ganz klassisch ein Messer, das er in den 90er Jahren gegen ein »Fichtenmoped« austauschte. Das war der Start einer außergewöhnlichen Sägerkarriere; selbst eine Ölkrise hätte Andreas Martin fortan nicht mehr bremsen können. Über die Jahre verfeinerte er seine ungewöhnliche Kunstfertigkeit, entschied damit einige internationale Kettenschnitz-Wettbewerbe für sich. Im Jahr 2007 dann der Höhepunkt: In Manchester gewann er den ersten Platz bei den English Open und wurde zugleich Gewinner der European Open der Kettensägenschnitzer. Eine Sauenrotte hatte ihm den Sieg eingebracht. Kein Wunder, denn all seine Skulpturen wirken so lebensecht, dass ein Betrachter bei Dunkelheit denken könnte, lebendigen Wesen gegenüberzustehen.

Neugierig geworden? Kein Problem, denn Besucher sind gern gesehen, wenn in Blockhausen die Späne fliegen. Vom Parkplatz aus führt ein gut begehbarer Waldweg hinauf zu den Blockhütten. Unterwegs gibt es viel zu entdecken, zum Beispiel einen Wikingerüberfall, hölzerne Sternzeichen, Märchenszenen und erzgebirgische Bergbaufiguren. Im Unterholz treiben sich »gesägte« Tiere herum. Sollte es kleinen Gästen wider Erwarten zu langweilig werden, können sie sich auf einem Abenteuerspielplatz austoben.

Und am Ende des Tages werden angesichts der einzigartigen Kunstwerke sicherlich nicht nur Kegler ein lautstarkes und begeistertes »Gut Holz!« ausstoßen.

Adresse Blockhausen, 09619 Dorfchemnitz, www.blockhausen.de | Anfahrt ab Freiberg B101 bis Großhartmannsdorf, links auf Muldaer Straße abbiegen, in Mulda rechts auf Saydaer Straße, dem Straßenverlauf bis zum Besucherparkplatz folgen | Tipp Einige Meter oberhalb der Walderlebnishütte ist der Mordstein zu finden. Er erinnert an einen Raubmord im 17. Jahrhundert. Die Geschichte dazu ist vor Ort nachzulesen.

28 Die Katzenwiege

Je dicker die Katze, desto heftiger der Winter

An der Hauptstraße von Voigtsdorf ist es zu finden, das Kunstwerk in Form einer großen Waage mit einer Katze darauf. Aus Holz gefertigt, gleicht sie einer handelsüblichen Goldwaage. Allerdings werden auf ihr keine Handelswaren wie zum Beispiel Kartoffelsäcke gewogen, sondern eine Katze. Da wundert sich der Laie, wie der Volksmund so trefflich sagt. Der Fachmann staunt allerdings nicht darüber. Denn der weiß, dass in Voigtsdorf eine Tradition gepflegt wird, die dem Murmeltiertag im kanadischen Punxsutawney ähnelt.

Im Großen und Ganzen läuft es hier wie dort auf eine Wettervorhersage hinaus. In Punxsutawney wird am 2. Februar ein Murmeltier mit viel Tamtam und Publikum aus seinem behaglichen Bau gezogen. Sieht das Tier seinen Schatten, dauert der Winter noch lange an. Sieht er ihn nicht, dann wird bald der Frühling Einzug halten. Da nun aber ein Murmeltier nicht in der Lage ist, sich wortstark in menschlicher Sprache zu äußern, ist das ganze Prozedere mehr eine Auslegungssache.

Bodenständiger, wenn nicht sogar wissenschaftlicher gehen es dagegen die Sachsen an. Sie nutzen den natürlichen Instinkt aus, der allen Tieren innewohnt. Die Sache ist einfach zu verstehen: Eine Katze wird jeweils am 1. Mai und am 1. Advent gewogen. Die so erhaltenen Ergebnisse werden verglichen und anschließend von einer in Frack und Zylinder auftretenden Dorfkommission bewertet. Hat sich die Katze aufgrund ihrer tierischen Vorahnung eine schöne Fettschürze angefuttert, dann steht leider ein harter Winter bevor. Kommt sie eher sportlich leicht daher, kann an den Briketts gespart werden. Die Faustformel lautet: 30 Prozent Gewichtszuwachs bedeuten einen harten Winter, ab 40 Prozent wird Väterchen Frost gemein zu den Einheimischen.

Selbstverständlich geht das ganze Spektakel mit einem zünftigen Dorffest einher. Denn egal, wie streng der Winter wird, ein Glühwein geht immer.

Adresse Hauptstraße 59, 09619 Dorfchemnitz-Voigtsdorf | Anfahrt ab Freiberg B101 über Brand-Erbisdorf bis Großhartmannsdorf, links auf Muldaer Straße abbiegen, rechts in die Helbigsdorfer Siedlung, zunächst Richtung Mulda halten, dann der Beschilderung nach Voigtsdorf folgen | Tipp In Voigtsdorf sollte man nicht versäumen, auf ein oder mehrere Stückchen Kuchen bei Adelheid in der »Adelklause« vorbeizuschauen. Das Flair des urigen Cafés und die herzliche, humorvolle Gastgeberin muss man einfach erlebt haben (Mo–Mi und Sa 14–17 Uhr).

29 Die Stülpner-Gedenktafel

Der Robin Hood des Erzgebirges

Das Leben von Karl Heinrich Stülpner, des größten Volkshelden, den das Erzgebirge je hervorgebracht hat, begann am 30. September 1762 in Scharfenstein. Und es endete nach 79 Jahren am 24. September 1841 ebenfalls dort. Was sich zunächst nach einem ganz normalen Leben anhört, entpuppt sich rasch als alles andere als gewöhnlich.

In ärmlichen Verhältnissen aufgewachsen, trat Stülpner bereits mit 16 Jahren in den Kriegsdienst ein. Mehrmals wechselte er anschließend die Garnisonen. Währenddessen erhielt er von seinen Vorgesetzten die inoffizielle Erlaubnis zum Wildern, um in der Offizierskantine für Abwechslung zu sorgen. Ein Freibrief, den Stülpner bereitwillig auslebte. Zu dieser Zeit prägte sich bei ihm auch ein auffallender Gerechtigkeitssinn aus. Das führte im Jahr 1785 zu einem Streit mit einem Förster, was Stülpner eine Strafe einbrachte. Doch vor Antritt der Festungshaft desertierte er. Eine langjährige Flucht durch Böhmen, Österreich und die Schweiz folgte. 1789 kehrte er nach Deutschland zurück und verpflichtete sich der Preußischen Armee, vermutlich um so seinen Häschern zu entgehen. Doch lange hielt er es dort nicht aus und suchte rasch erneut unerlaubt das Weite. Nur konnte er sich aufgrund seiner Missetaten nirgends niederlassen. So also besann er sich auf das, worauf er sich ausgezeichnet verstand: das Wildern. Er wurde zu einem Rebellen und streifte von 1794 bis 1800 durch die erzgebirgisch-böhmischen Grenzwälder. Dabei half Stülpner denen, die in Not geraten waren, was ihm in der Bevölkerung große Beliebtheit einbrachte und seinen legendären Ruf begründete. 1800 gab er das Wildererdasein auf und schloss sich erneut einem Regiment an. 1813 kehrte er in seinen Geburtsort zurück, wo er bis zu seinem Tod unter ärmlichen Verhältnissen lebte.

Das Grundstück, auf dem der Volksheld gestorben ist, ist im Ort zu finden. Das Geburtshaus steht leider nicht mehr.

Adresse Karl-Stülpner-Weg, 09430 Drebach-Scharfenstein | **Anfahrt** B174 von Chemnitz nach Zschopau, Abfahrt Richtung Wolkenstein/Scharfenstein, dem Straßenverlauf bis nach Scharfenstein folgen | **Tipp** Die Burg Scharfenstein thront auf einem Bergsporn oberhalb der Ortschaft. In ihr sind das »Weihnachts- und Spielzeugmuseum« sowie eine Ausstellung zur Volkskunst untergebracht. Der Aufstieg im Bergfried wird mit einem wunderschönen Blick ins Zschopautal belohnt.

30__Das Schloss Duchcov

Die Altersresidenz des Womanizers

Er war ein italienischer Diplomat, Abenteurer, Priester, Schriftsteller – und vor allem ein berühmter Liebhaber: Giacomo Girolamo Casanova. Sein Name ist das Synonym für Lust und Leidenschaft. Wohl zu Recht. Damen aus den besten Kreisen der europäischen Gesellschaft erlagen seinen gekonnten Verführungskünsten. Namentlich sind in seinen Memoiren 116 Frauen erwähnt, mit denen er »Amore« machte.

Wegen seiner Bildung war Casanova ein beliebter Gast in den Adelshäusern. Doch es gab auch Feinde, was bei seinem Lebenswandel nicht verwunderlich war. So wurde Casanova 1755 in Venedig verhaftet und wegen Gottlosigkeit eingesperrt. Im Jahr darauf gelang ihm die Flucht aus den berüchtigten venezianischen Bleikammern, und er setzte sein »Treiben« kurzerhand am französischen Hof fort. 1785 war er dann dem abenteuerlichen Leben überdrüssig, und so kam die Bibliothekarsstelle, die ihm Graf von Waldstein-Wartenberg auf Schloss Duchcov (Dux) anbot, gerade recht.

Fortan lebte Casanova also im böhmischen Erzgebirge. Der neue Wohnsitz war durchaus angenehmer Natur. Frisch im barocken Stil renoviert, war Schloss Duchcov Anlaufpunkt vieler Herrscher und Künstler. Auch Goethe und Schiller, später dann Beethoven und Chopin gaben sich hier die Klinke in die Hand. In einem Barockgarten, der im 20. Jahrhundert dem Kohletagebau zum Opfer fiel und nach dem Zweiten Weltkrieg nach Originalplänen restauriert wurde, konnte Casanova wandeln. Leider verblieb von der riesigen Gemäldesammlung des Grafen wenig. Sie wurde nach dem Zweiten Weltkrieg zum größten Teil vom Staat beschlagnahmt. Trotz alledem sind heutzutage im barocken Herrschaftssitz immer noch über 100 wertvolle Gemälde zu bewundern. Ein Besuch lohnt sich daher nicht nur für Casanova-Interessierte. Apropos Casanova: Vom Herzensbrecher wurde der Venezianer im Schloss zum verbitterten Bibliothekar. 1798 starb er in Duchcov.

Adresse Náměstí Republiky 9, 41901 Duchcov (Dux), Tschechien | **Anfahrt** ab Dresden B170 über Dippoldiswalde und Altenberg, weiter bis zum Grenzübergang, Route 8 bis Teplice, dort auf Route 254 nach Duchcov und der Beschilderung folgen | **Öffnungszeiten** April Sa, So, Feiertage 10–16 Uhr, Mai Di–So 10–16 Uhr, Juni–Aug. Di–So 10–17 Uhr, Sept. Di–So 10–16 Uhr, Okt. Sa, So, Feiertage 10–15 Uhr | **Tipp** Ein Besuch des Restaurants »Monopol« im neun Kilometer entfernten Teplice ist nicht nur ein Genuss für den Gaumen. Die Brauereigaststätte ist stimmig eingerichtet, die Jugendstildecken sind geschmackvoll renoviert, und im Obergeschoss schimmern zwei polierte kupferne Sudkessel im warmen Lampenlicht.

31 Der Geldkeller

Ein Hund aus der Unterwelt bewacht den Schatz

Die Greifensteine in der Nähe von Ehrenfriedersdorf sind ein beliebtes Ausflugsziel. Inmitten eines Landschaftsschutzgebietes erheben sich sieben kirchturmartige Granitfelsen, Überreste von vulkanischen Aktivitäten. Der höchste dieser Felsen kann über eine Treppe bestiegen werden. Von der Aussichtsplattform bietet sich ein wunderschöner Blick über das Erzgebirge. Bei klarer Sicht kann sogar das Völkerschlachtdenkmal erspäht werden.

Aber warum in die Ferne schweifen, wenn es vor Ort viel zu entdecken gibt? Ein kurzer Weg führt zur Stülpnerhöhle. Karl Stülpner, der legendäre Wildschütz, soll hier Unterschlupf gefunden haben. In einem Steinbruch liegt ein Naturtheater, und nahe dem Parkplatz lädt ein Kletterwald zu sportlichen Aktivitäten ein. Ein Heimatmuseum, Gastronomie und ein Hotel runden das Freizeitangebot ab.

Doch die faszinierendste Attraktion wird oft übersehen: der von einem Hund bewachte Geldkeller, eine unscheinbare Höhle in einem der Felsen. Trauen sich Schatzsucher näher heran, schaltet sich das Licht ein. Wer jetzt in Versuchung gerät, die herumliegenden Münzen zu stehlen, sollte gewarnt sein. Eine Sage erzählt von einer Magd, die einst diese Höhle aufspürte. Während ihre Freundin draußen wachte, kroch die Magd hinein. Dort raffte sie Goldmünzen zusammen, darauf bedacht, den schlafenden Hund nicht zu wecken. Doch als sie mit der Beute durch das Loch fliehen wollte, passte sie nicht mehr hindurch. Sie rief ihre Freundin zu Hilfe. Der Hund erwachte, fiel die Magd an und scharrte das geraffte Gold aus ihrem Beutel. Zwar entkam die Magd, doch Tage später starb sie aus Angst vor dem Ungetüm. Kein Wunder, denn der Hund war (und ist!) kein gewöhnlicher Hund, sondern einer aus der Unterwelt, der gemäß der nordischen Mythologie bei der Göttin Hel wacht.

Und der versteht bis heute keinen Spaß, will man die Schätze seines Frauchens stibitzen.

Adresse Greifensteine, 09427 Ehrenfriedersdorf | **Anfahrt** ab Chemnitz B95 bis Thum, dort der Beschilderung folgen, Parkmöglichkeiten am Kletterwald | **Tipp** Der angrenzende Kletterwald bietet ein besonderes Highlight: den Flying Stülpner. Der atemberaubende »Flug« führt in luftiger Höhe über einen See.

32 Der Oswald-Barthel-Turm

Die lange Schicht

Ein anstrengender Tag liegt vor dem jungen Bergmann Oswald Barthel. Im Stollen »Gutes Glück« im Sauberg muss ein Durchschlag erfolgen. Grundsätzlich keine Herausforderung für Oswald und die anderen Kumpel. Doch Wasser drückt auf das Gestein, und deswegen muss vorsichtig vorgegangen werden. Konzentriert und mit einem »Glück auf« auf den Lippen machen sich die erfahrenen Männer ans Werk. Stein um Stein wird gebrochen, umsichtig der entstehende Hohlraum abgestützt. Die Arbeit geht zügig voran. Als der Steiger nach dem Rechten schaut, klopft er einigen stolz auf die Schulter. In dem Moment vibriert der Boden, ein knirschendes Geräusch geht allen durch Mark und Bein. Nach einer Schrecksekunde ruft der Steiger: »Brüder, rettet euch! Der Berg bricht!« Die Männer lassen alles stehen und liegen und hasten aus dem Stollen. Nur einer scheint vor Angst wie gelähmt: Oswald Barthel. Wie angewurzelt bleibt er an Ort und Stelle, dann bricht die Decke über ihm ein, und er wird verschüttet. Obwohl seine Kumpel wenig später aufopferungsvoll versuchen, an ihn heranzukommen, können sie Oswald nicht bergen, denn immer wieder bricht Gestein nach. Am Ende muss die Rettungsaktion erfolglos abgebrochen werden. Dieses Unglück geschah am 25. November 1507.

Niemand rechnete damit, Oswald Barthel jemals wiederzusehen. Doch am 20. September 1568, nach 60 Jahren, 9 Wochen und 3 Tagen, konnte der verschüttete Bergmann versteinert, aber ansonsten unversehrt geborgen werden.

Oswald Barthels langer Schicht zum Gedenken und zu Ehren der vielen anderen Kumpel, die in der Zinngrube Ehrenfriedersdorf ums Leben kamen, wurde ein Denkmal errichtet. Es steht rechts der Straße »Am Sauberg«, den Hauptgebäuden des Bergwerkmuseums »Zinngrube Ehrenfriedersdorf« vorgelagert. Wer möchte, kann Oswald Barthel hier um Schutz und Beistand bitten, bevor er selbst in den Berg einfährt.

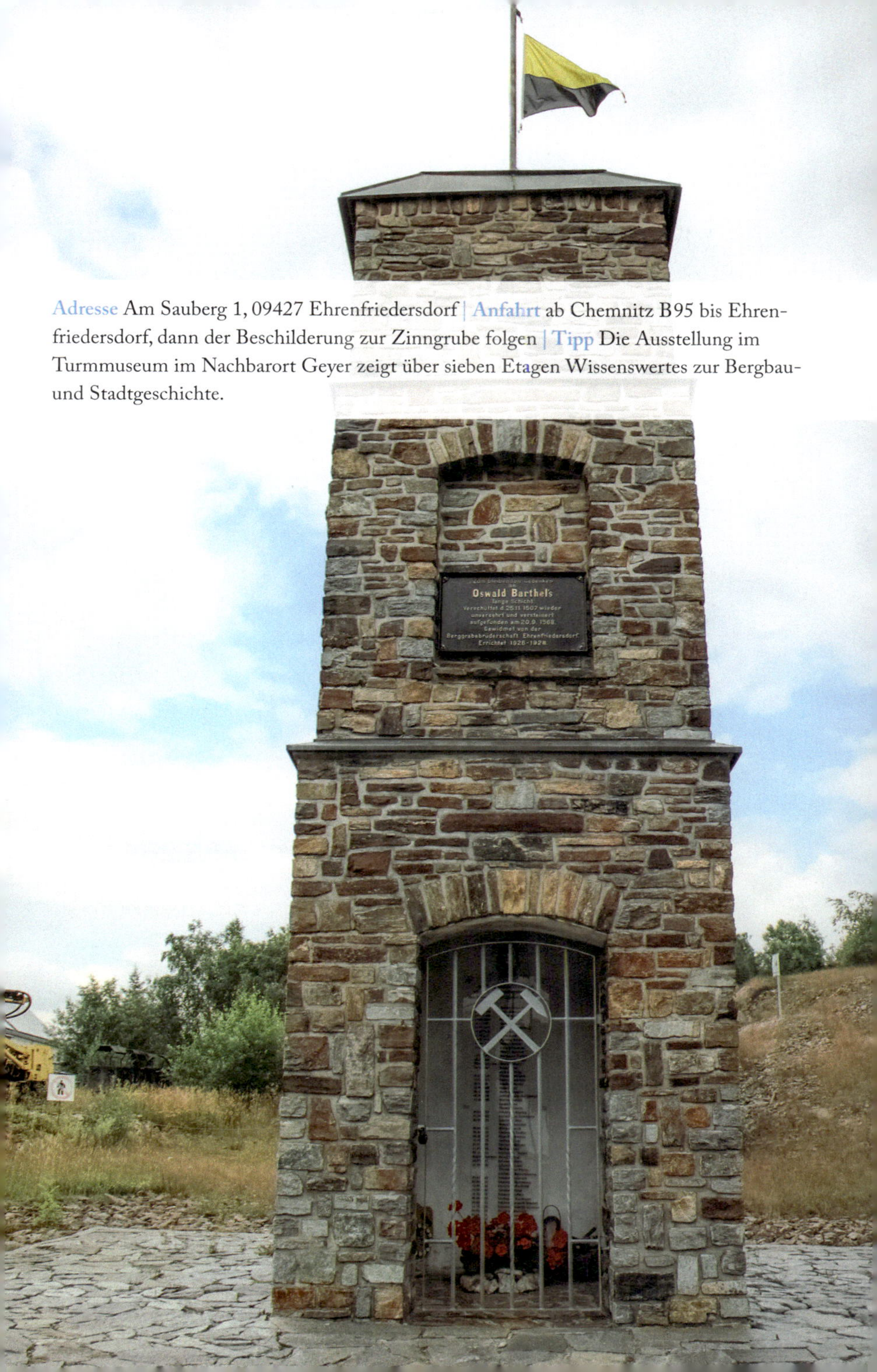

Adresse Am Sauberg 1, 09427 Ehrenfriedersdorf | Anfahrt ab Chemnitz B95 bis Ehrenfriedersdorf, dann der Beschilderung zur Zinngrube folgen | Tipp Die Ausstellung im Turmmuseum im Nachbarort Geyer zeigt über sieben Etagen Wissenswertes zur Bergbau- und Stadtgeschichte.

33__Der Röhrgraben

Wasser gut, alles gut

Auf die Dosis kommt es an, sagt der Volksmund und liegt damit goldrichtig. So ist das Element Wasser für Bergarbeiter Freund und Feind zugleich. Auf der einen Seite kann Wasserkraft lästige Muskelarbeit ersparen, auf der anderen Seite bringt ein vom Grundwasser überfluteter Stollen den Tod. So ist es also kein Wunder, dass die Ingenieurskunst bereits früh wahre technische Meisterwerke hervorbrachte, die das Nass für bergwerksdienliche Dinge bändigten.

Zu einem dieser Wunderwerke darf der Röhrgraben zwischen Ehrenfriedersdorf und Geyer gezählt werden. Dabei handelt es sich um einen mittelalterlichen Kunstgraben mit einer Länge von rund 5,5 Kilometern, der aus dem regenreichen Gebiet rund um das dortige Hochplateau Wasser zur Zinngrube Ehrenfriedersdorf leitete. Dort wurde es für die Zinnerzaufbereitung benutzt. Zwar kann nicht eindeutig datiert werden, wann der Röhrgraben angelegt wurde, doch aus einem Schreiben aus dem Jahr 1541 geht hervor, dass der Röhrgraben zu diesem Zeitpunkt bereits 200 Jahre alt war. Somit war der Bau des ausgeklügelten Grabens um das Jahr 1341 erfolgt. Auch wenn diese Jahreszahl unter Fachleuten nicht in Stein gemeißelt ist, so sind sich doch alle einig, dass die Errichtung im 14. Jahrhundert stattgefunden haben muss.

War die Zinngrube lange Zeit der alleinige Nutznießer des Röhrgrabens, so änderte sich das in der Mitte des 19. Jahrhunderts. Ab dieser Zeit verwertete auch die ortsansässige Textilindustrie das herangeführte Wasser.

Mit der Stilllegung des Bergbaus im Jahr 1990 endete die wirtschaftliche Nutzung des Röhrgrabens. Zwischen 1999 und 2002 erfolgte eine denkmalgerechte Instandsetzung. Heutzutage führt ein gut erschlossener Wanderweg am System entlang. Unterwegs treffen Neugierige nicht nur auf den Röhrgraben selbst, sondern auch auf zahlreiche Zeitzeugnisse der erzgebirgischen Bergbaugeschichte sowie Erklärungstafeln.

Adresse Greifensteine, 09427 Ehrenfriedersdorf | Anfahrt ab Chemnitz B95 bis Thum, dort der Beschilderung folgen, Parkmöglichkeiten am Kletterwald, circa 20 Minuten Gehzeit | Tipp Eine kühlende Erfrischung für müde Füße und Beine bietet das Wassertretbecken im Greifenbachtal vier Gehminuten östlich der Schanzenbaude Geyer.

34 Das Hundertweltenhaus

Die Villa Kunterbunt

Um diesen Ort zu verstehen, wird das Pferd am besten von hinten aufgezäumt. Am Anfang stand Antoni Gaudí, der berühmte spanische Architekt. Sein berühmtestes Bauwerk dürfte die Sagrada Família in Barcelona sein, die einem riesigen Termitenhügel nachempfunden scheint. Gaudís Ausdrucksweise war alles andere als schlicht und geradlinig. Mit seiner Vorliebe für geschwungene Linien, bunte Mosaike und asymmetrische Grundrisse verkörpert er quasi den Konterpart zum Bauhaus-Stil. Gaudís Arbeiten inspirierten und beeinflussten viele andere Kunstschaffende. Einer davon war der österreichische Maler, Grafiker und Architekt Friedensreich Hundertwasser. Wie Gaudí lehnte auch dieser gerade Linien und eine funktionelle Architektur ab. Die von Hundertwasser erschaffenen Bauwerke sind daher oft kurios geformt und farbenreich.

Über Spanien und Österreich gelangt man schließlich endlich nach Eibenstock.

Ehemals war die Stadt im Westerzgebirge eine Hochburg der Stickerei. Nach der Wende kam für diesen Industriezweig das Aus, und viele der ehemaligen Produktionsstätten standen leer. So auch ein Gebäude nebst brachliegendem Grundstück in der Ludwig-Jahn-Straße. Im Jahr 2009 endete jedoch dieser Dornröschenschlaf, und eine ungewöhnliche Verwandlung setzte ein. Über die Jahre entstanden hier unter anderem ein Kunstcafé, Ferienunterkünfte, Wohnungen, Atelier- und Musikräume und eine Grünfläche mit Teichanlage nebst Spielplatz. Das Besondere daran: Die Gestaltung ist von Gaudí und Hundertwasser inspiriert. So zeigt sich alles äußerst farbenfroh, Mosaike lösen langweilige Flächen auf, und viele kreative Kunstwerke runden das aufsehenerregende Gesamtbild ab. Sogar eine Krone trägt das Gebäude. Am 31. August 2016 wurde ein glitzernder Zwiebelturm auf einen der Schornsteine gesetzt. Gaudí und Hundertwasser hätten garantiert großes Gefallen an diesem Projekt gefunden.

Adresse Ludwig-Jahn-Straße 12, 08309 Eibenstock | **Anfahrt** A72, Ausfahrt Hartenstein, Richtung Aue, auf Höhe Erzgebirgsstadion rechts auf die B169, weiter zur B101, links abbiegen, rechts auf die B283 und bis Eibenstock, im Ort der Beschilderung zu den Badegärten folgen | **Tipp** Fußläufig leicht zu erreichen ist die Saunalandschaft in den Badegärten Eibenstock. Erholungssuchende können hier in einem gemütlichen Ambiente entspannen und, wenn gewünscht, auch ein Bierbad genießen.

35 Das Schatzhaus Erzgebirge

Nadel, Faden und mehr

Schon mal was von »Tambourieren« gehört? Nein? Schlägt man das Wort im Online-Duden nach, gibt es für diese Suchanfrage keinen Treffer. Na gut, vielleicht ist dann ein Besuch im Museum aufschlussreicher? Begibt man sich auf Recherche nach diesem Begriff, wird man im Schatzhaus Erzgebirge in der Bergstadt Eibenstock fündig.

Hier macht man Bekanntschaft mit Clara Angermann (1754–1809); ein hölzernes Abbild erinnert an die Wohltäterin der Stadt. Sie beherrschte das Tambourieren, das Sticken mit einer Häkelnadel, wobei die Nadel von oben durch einen stramm eingespannten Stoff gestochen wird. Der klangvolle Name leitet sich vom französischen »Tambour« für Trommel ab.

Clara Angermann, die früh verwaiste Tochter eines kurfürstlich-sächsischen Oberförsters, kam 1775 aus einem polnischen Kloster nach Eibenstock, zu einer Zeit, als im Erzgebirge große Not herrschte. Die junge Frau brachte bis 1780 den Mädchen und Frauen ihre Kunstfertigkeit bei, legte so den Grundstein für eine aufblühende Stickereiindustrie und verhalf Eibenstock damit zu Wohlstand und Weltruhm. Das Handwerk verbreitete sich schnell, im Jahr 1850 waren sechs erfolgreiche Stickereibetriebe in der Bergstadt ansässig, 1858 kam die erste Stickmaschine zum Einsatz. Die Industrialisierung nahm ihren Lauf, die Stickereien starteten von hier aus ihren Triumphzug rund um den Globus.

Das Museum veranschaulicht eindrucksvoll die Geschichte und die technische Entwicklung der Stickerei. Stickereierzeugnisse aus verschiedenen Epochen lassen sich bewundern, und man erlebt das Rattern und Klappern der historischen Stickmaschinen hautnah mit. Aber nicht nur Handarbeitfans kommen hier auf ihre Kosten: Die Ausstellung befasst sich des Weiteren mit der Stadtgeschichte, und die Sammlungen erzgebirgischer Volkskunst und Schnitzereien sowie die »Mechanischen Landschaften« sind unbedingt sehenswert.

Adresse Bürgermeister-Hesse-Straße 7/9, 08309 Eibenstock, www.schatzhaus-erzgebirge.de | Anfahrt A72, Ausfahrt Hartenstein, S255 Richtung Aue, dann Chemnitzer Straße bis zur B169 fahren, dort rechts abbiegen, in Aue-Bad Schlema links auf B101, dann rechts und auf der B283 nach Eibenstock, im Ort der Beschilderung folgen | Öffnungszeiten Di–Fr 10–17 Uhr, Sa, So und Feiertage 11–16 Uhr | Tipp »Wurzelrudis Erlebniswelt« bietet Spiel und Spaß für die ganze Familie. Neben einer Sommerrodelbahn gibt es einen Wikinger-Spielplatz und einen Irrgarten.

36__Der Wasserfall

Das Blauenthaler Juwel

Wasserfälle verströmen eine unheimliche Anziehungskraft. Sie faszinieren uns seit jeher und ziehen Besucher magisch in ihren Bann. Sie sind imposant oder romantisch – egal, ob das Wasser tosend in die Tiefe stürzt oder sanft ins Tal plätschert. Könnte man nicht stundenlang davorsitzen, das Naturschauspiel beobachten und dem Rauschen des Wassers lauschen?

Nahe der Berg- und Stickereistadt Eibenstock befindet sich der Blauenthaler Wasserfall. Gesäumt von Baumstämmen und Felsen, liegt er idyllisch im Tal der Großen Bockau. Zugegeben: Ein Vergleich mit den großen »Stars« unter den Wasserfällen, zum Beispiel den Krimmler Wasserfällen in Österreich oder den Triberger Wasserfällen im Schwarzwald, würde hinken. Denn eins sei vorweggenommen: Gewaltige Wassermassen stürzen hier nicht Hunderte Meter donnernd in die Tiefe. Aber nichtsdestoweniger ist dieser Wasserfall ein Kleinod, das man gesehen haben muss. Und mit 30 Meter Fallhöhe ist er immerhin der größte Wasserfall Sachsens.

Das Wahrzeichen des Ortes Blauenthal wurde nach dem Ersten Weltkrieg künstlich angelegt. An der Mulde betrieb die Familie Toelle damals eine Holzschleiferei. Oberhalb einer steilen Felswand ließ man ein ausgeklügeltes Grabensystem aus Natursteinen errichten, um Wasser aus den Bächen abzuzweigen und damit die Turbinen der Fabrik anzutreiben. An Sonn- und Feiertagen standen die Maschinen still, das Wasser wurde aus dem Graben umgeleitet und rauschte über die Granitfelsen ins Tal. Ein beliebtes Ziel für Ausflügler entstand, das seit der Stilllegung des Betriebes täglich bewundert werden kann. Nach langen Trockenperioden kann das Wasser allerdings schon mal ausgehen.

Der Ort hat aber auch im Winter seinen ganz besonderen Reiz. Wenn es im Erzgebirge richtig knackig kalt wird, verwandelt Väterchen Frost den Wasserfall mitunter in eine bizarre Eisformation. Eine märchenhafte Winterkulisse!

Adresse Zimmersacherstraße, 08309 Eibenstock-Blauenthal | **Anfahrt** A72, Ausfahrt Hartenstein, Richtung Aue, auf Höhe Erzgebirgsstadion rechts auf die B169, weiter zur B101, links abbiegen, dann rechts auf B283, dem Straßenverlauf folgen, links auf Blauenthaler Hauptstraße, Parkplatz ausgeschildert | **Tipp** Nur 100 Meter entfernt, auf der anderen Seite des Tals, wurde der letzte Bär am Auersberg erlegt. Ein Gedenkstein erinnert daran.

37 Der Bandonion-Gedenkstein

Gequetscht, gezogen und gedrückt

Um eine Verwechslung sofort auszuschließen: In Carlsfeld wird dem Instrumentenbauer Carl Friedrich Zimmermann mit einem Gedenkstein die Ehre erwiesen und nicht dem gleichnamigen Maler. Letzterer hat Carlsfeld vermutlich nie besucht, Ersterer dagegen hat lange Zeit dort gelebt.

Es ist somit die Geschichte von Carl Friedrich Zimmermann, der 1817 in Morgenröthe geboren wurde und 1898 in Philadelphia starb. Ja richtig, er starb in den Vereinigten Staaten. Zimmermann war ein Mensch, den es in die Ferne zog. Finanzielle Gründe dürften bei seiner Entscheidung keine entscheidende Rolle gespielt haben. Denn Zimmermann war in Carlsfeld von Beruf Fabrikant. Er ließ in seinen Räumen Bandonions produzieren. Die Inschrift auf der Gedenktafel erklärt, worum es sich dabei handelt: »Auf diesem Grundstück errichtete Carl Friedrich Zimmermann 1847 die erste Harmonikafabrik Carlsfeld.« Das Bandonion ist also ein Musikinstrument, benannt nach dem Musiklehrer Heinrich Band, der bei der Entwicklung des Instrumentes maßgeblich seine Finger im Spiel hatte.

Die Fabrik war allerdings nicht Zimmermanns erste Wirkungsstätte. Unweit des Gedenksteins steht das Gebäude, in dem er ab 1830 seine ersten Instrumente fertigte. Eine angebrachte Gedenktafel erinnert daran. Somit wirkte er über 30 Jahre in Carlsfeld, bis er die Fabrik an seinen Werkmeister Ernst Louis Arnold verkaufte und nach Amerika zog. Dort angekommen, blieb Zimmermann dem Instrumentenbau treu, ließ sich 1882 sogar unter seinem Namen ein Musikinstrument patentieren, eine Art Doppelzither in Schmetterlingsform.

Und was wurde aus den Bandonions? Unter neuer Leitung wurde die Carlsfelder Fabrik vergrößert und produzierte bis 1964 Instrumente. Die Bandonions traten währenddessen ihren Siegeszug um die Welt an und gelten bis heute als das Herz der Tangomusik.

Adresse 08309 Eibenstock-Carlsfeld | **Anfahrt** A72, Ausfahrt Hartenstein, Richtung Aue, auf Höhe Erzgebirgsstadion rechts auf die B169, weiter zur B101, links abbiegen, rechts auf die B283 und weiter Richtung Eibenstock, hinter Eibenstock auf Karlsbader Straße und Hauptstraße, dann rechts auf der Carlsfelder Straße nach Carlsfeld | **Tipp** Östlich vom Ortsausgang Carlsfeld befindet sich die Passhöhe Hefekloß. Sie hat eine Höhe von 1.788 … halben Metern. Das Passschild ist in brauner Farbe gehalten und gleicht damit den Passschildern in den Alpen.

38 Die Talsperre Sosa

Lasst uns pflügen, lasst uns bauen …

Ja, zugegeben, es gibt imposantere Stauwehre als die Talsperre Sosa. Aber nur wenige haben eine interessantere Entstehungsgeschichte.

Alles begann im Jahr 1908 mit der ersten Planung, das Flüsschen »Kleine Bockau« im Höllengrund südlich der Gemeinde Sosa zu einem See anzustauen. Sieben Jahre später, im September 1915, erfolgte die offizielle Bekanntmachung des Talsperrenbaus. Viel mehr passierte dann aber nicht mehr. Der Erste Weltkrieg und die Inflationen während der Weimarer Republik forderten ihren Tribut, an große Bauprojekte war nicht zu denken. Erst 1924 war Deutschland wieder imstande, alte Baupläne zu entstauben und frisch ans Werk zu gehen. Nur galt das nicht für die Talsperre Sosa. Hier im Höllengrund sagten sich anstatt Barsche und Hechte weiterhin Fuchs und Gans gute Nacht.

Der Zweite Weltkrieg kam und ging, aus dem geteilten Deutschland erwuchs unter anderem die DDR. Und mit dem neu gegründeten Staat nahm das Projekt Talsperre Sosa wieder Fahrt auf: Die Wasserversorgungsanlage wurde zum ersten zentralen Jugendprojekt der FDJ erklärt. Walter Ulbricht legte am 17. Juni 1950 den Grundstein für die 200 Meter lange und 50 Meter hohe Staumauer. In den folgenden Monaten schafften Mitglieder der FDJ unermüdlich Bruchsteine aus dem nahe gelegenen Granitsteinbruch heran und zogen die Mauer in einem Rekordtempo in die Höhe. Bereits am 19. Dezember 1951 ließ es sich der erste Ministerpräsident der DDR, Otto Grotewohl, nicht nehmen, die Talsperre einzuweihen. Gut, ein wenig geschummelt wurde dabei schon. Denn die endgültige Fertigstellung zog sich noch einige Monate hin, und erst im Jahr 1952 wurde der See ans offizielle Wassernetz angeschlossen. Doch schmälert das nicht die Leistung der am Bau Beteiligten, die in wenigen Monaten mit einfachsten Mitteln aus dem Nichts die Talsperre des Friedens, wie sie zu DDR-Zeiten auch genannt wurde, stampften. Respekt!

Adresse An der Talsperre 1, 08326 Eibenstock-Sosa | **Anfahrt** A72, Ausfahrt Hartenstein, Richtung Aue, auf Höhe Erzgebirgsstadion rechts auf die B169, weiter zur B101, links abbiegen, rechts auf B283, dem Straßenverlauf folgen, links auf Blauenthaler Hauptstraße, in Sosa von der Hauptstraße rechts auf Auersberger Straße abbiegen und zum Parkplatz »An der Talsperre«, 10 Gehminuten | **Tipp** Die Ortspyramide auf dem Pfarrplatz in Sosa zeigt Szenen der Waldarbeit und des Bergbaus. Im Sommer werden die Flügelräder abgebaut, und der obere Teil wird verkleidet. So erhält die Pyramide das Aussehen eines Holzmeilers.

39 Die Radarstation

Die Stasi-Moschee

Die Eibenstocker werden sich verwundert die Augen gerieben haben, als im Sommer des Jahres 1983 Arbeiter anrückten und begannen, auf dem Auersberg ein weiteres Gebäude zu erstellen. Rund um die Baustelle wurde ein Sperrgebiet eingerichtet. Unbefugte, die einen Blick riskieren wollten, wurden zum Teufel gejagt. Was sollte das alles? Was wurde dort gebaut? Es gab doch bereits den 18 Meter hohen Aussichtsturm auf dem Gipfel, den ältesten in der Gegend, der aus Granitsteinen hochgezogen worden war. Noch heute trotzt er Wind und Wetter und ist ein beliebtes Ausflugsziel auf der mit 1.018 Metern zweithöchsten Erhebung des deutschseitigen Erzgebirges. Direkt daneben schloss sich das Berghotel an. Für Speis und Trank war also auch gesorgt, eine weitere Gaststätte benötigte niemand. Ein neues Gebäude konnte diese Postkartenidylle nur verschandeln.

Als in den folgenden zwei Jahren das mysteriöse Gebäude in die Höhe wuchs, wurde deutlich, dass es sich um einen Turm handelte, quadratisch im Grundriss, oben aufgesetzt eine golfballförmige Kuppel. Inzwischen waren Informationen durchgesickert. Auftraggeber für den Bau dieser Radarstation war das Ministerium für Staatssicherheit. Unter dem Decknamen »Echo« diente der Turm zur Funkaufklärung und Funkabwehr. In Zusammenarbeit mit dem Abhörposten in Oberwiesenthal (Deckname »Kiefer«) reichte die Lauschaktion bis ins ferne Bayern hinein. »Big Brother is watching you«, werden einige Bajuwaren deshalb wohl am Stammtisch bierlaunig ausgerufen haben. Bei den Einheimischen erhielt der Turm aufgrund seiner markanten Kuppel rasch den Beinamen »Stasi-Moschee«. Übrigens: Als wenig später ein ähnliches Bauwerk auf dem Brocken im Harz entstand, wurde dort der Spottname direkt übernommen.

Nach der Wende baute die Deutsche Flugsicherung die Radaranlage um. Dabei verschwand die Kuppel. Seitdem zieht eine Radarantenne unter freiem Himmel ihre Kreisbahn.

Adresse Auersberg, 08309 Eibenstock-Wildenthal | Anfahrt A72, Ausfahrt Hartenstein, Richtung Aue, auf Höhe Erzgebirgsstadion rechts auf die B169, weiter zur B101 und bis Schwarzenberg, rechts auf Schneeberger Straße, dem Straßenverlauf und der Beschilderung Johanngeorgenstadt folgen, vor Johanngeorgenstadt links auf »Sauschwemme« und zum Parkplatz Auersberg | Tipp Nur wenige Meter entfernt steht der Auersbergturm. Er bietet eine Rundumsicht bis ins Vogtland und ins böhmische Erzgebirge.

40 Das Hetzdorfer Viadukt

Begehbare Eisenbahngeschichte

Bei einem Abstecher ins malerische Flöhatal bei Oederan ist das Hetzdorfer Viadukt nicht zu übersehen. 43 Meter hoch und 328 Meter lang, überspannt es das Tal, welches an dieser Stelle auch die »Hetzdorfer Schweiz« genannt wird. Ehemals reisten hier Passagiere der Strecke Dresden–Werdau über die Brücke. Inzwischen sind die Schienen zurückgebaut, und ein Wanderweg führt in luftiger Höhe darüber. Gerade dieser Umstand macht das Viadukt für einen Ausflug so interessant. Denn es ist damit zu einem Denkmal »zum Anfassen« geworden, das von allen Seiten in Augenschein genommen werden kann.

Das Hetzdorfer Viadukt ist im ersten Viertel gerade, im restlichen Teil mit einem Kurvenradius von 572 Metern gekrümmt. Als Baumaterialien wurden Gneis, Granit und Pirnaer Sandstein verwendet. Die Brückenpfeiler sind monumental, einige tragen ein schickes »Krönchen«. Insgesamt 17 Bögen wurden benötigt, um von der einen Seite auf die andere zu kommen. Die 4 größten – und zugleich auffälligsten – haben eine lichte Weite von 22,66 Metern. Die Bögen links und rechts daneben kommen immerhin noch auf knapp 17 Meter, die kleinsten am Brückenende messen 5,66 Meter.

Am 1. März 1869 in Betrieb gesetzt, erfüllte das Bauwerk über ein Jahrhundert lang seine angedachte Aufgabe. Erst 1992 kam das Eisenbahn-Aus, da eine Neubaustrecke die Brücke für den Bahnbetrieb obsolet machte. Nach zeitweisem Verfall der Bausubstanz ist sie inzwischen wieder in einem guten Zustand und kann gefahrlos begangen werden. Das ist unter anderem der Interessenvereinigung Hetzdorfer Viadukt e. V. zu verdanken. Dieser Verein widmet sich dem Erhalt des Meisterwerks der Steinmetzkunst.

Erwähnenswert ist noch, dass der asphaltierte Weg, der über das Viadukt führt, sehr breit ist. Somit sollte das Überqueren des Bauwerks auch für Menschen, die unter Höhenangst leiden, keine Herausforderung darstellen.

Adresse Lindenstraße 5, 09569 Flöha-Falkenau | **Anfahrt** ab Chemnitz B173 Richtung Oederan, hinter Flöha rechts auf Ernst-Thälmann-Straße abbiegen, dann rechts auf Lindenstraße | **Tipp** Am Ostende der Brücke führt ein Wanderweg zum Aussichtsfelsen Hetzdorfer Bastei. Der Blick schweift von hier oben über das Flöhatal und das Viadukt.

41 Die Triangulationssäule

Google Maps damals

Dass eine Triangulationssäule einen besonderen Punkt markiert, ist nicht schwer zu erraten. So verhält es sich auch mit dem Eckstein, der südlich vom Frauensteiner Ortskern auf einer Anhöhe zu finden ist. Von hier schweift der Blick über die Dächer, zur malerischen Burgruine und weit darüber hinaus.

Diese wunderschöne Fernsicht ist zwar der Grund, warum die Säule gerade hier errichtet wurde, allerdings sollte nicht etwa eine touristisch attraktive Landmarke ausgeschildert werden, wie ein erster Gedanke vielleicht nahelegen könnte. Der Zweck der Triangulationssäule war ein ganz anderer. Das Wort »Geodätisch« in der Aufschrift weist darauf hin, und wer in der Schule aufgepasst hat, wird sich bei dem Begriff »Triangulation« an die Winkelberechnung erinnern.

In den Jahren 1862 bis 1890 wurde im Königreich Sachsen eine Landvermessung durchgeführt. Ziel war es, eine Basis für genauere Landkarten zu schaffen. Da Satelliten noch nicht zur Verfügung standen, wurden im ganzen Hoheitsgebiet die Landvermesser losgeschickt. Sie benötigten für eine exakte Peilung nicht nur gute Theodoliten, sondern auch freies Sichtfeld. Daher bevorzugten sie Anhöhen. Waren sie mit ihrem Blick zufrieden, dann wurde an dieser Stelle eine Triangulationssäule gesetzt, so wie in Frauenstein.

Das Prinzip der Landvermessung ist recht einfach. Es beruht auf der Berechnung von Dreiecken. Es gibt zwei Landpunkte (zwei Ecken eines Dreiecks), bei denen die Entfernung (Luftlinie) bekannt ist. Nun wird von jedem dieser Punkte ein Ziel (die dritte Ecke) anvisiert. Über die dann gemessenen Winkel können die Entfernungen errechnet werden. Um die gewonnenen Ergebnisse abzusichern, wurde von vielen Stellen aus gemessen.

So entstand in der zweiten Hälfte des 19. Jahrhunderts ein regelrechtes Vermessungsnetz, mit dem Sachsen damals in Europa eindeutig »Außenseiter-Spitzenreiter« war.

Adresse Am Sandberg, 09623 Frauenstein | **Anfahrt** ab Freiberg B171 bis Frauenstein, über den Marktplatz, rechts in Saydaer Straße, dann wieder rechts in Am Sandberg, Säule linker Hand | **Tipp** In der Burgruine Frauenstein ist der Burggeist Vrouwin zu Hause. Er begleitet Gäste auf dem Rundgang und weiß dabei einiges zu berichten.

42 Der Silbermann-Pfad

Unterwegs auf historischen Spuren

Die Orgel ist das Instrument des Jahres 2021 und gilt als die Königin der Instrumente. Orgelbau und Orgelmusik in Deutschland zählen zum Immateriellen Kulturerbe der UNESCO. Im Erzgebirge, der Heimat von Gottfried Silbermann (1683–1753), sind die weltberühmten Orgeln des wohl bedeutendsten Orgelbauers der Barockzeit zu finden. Die Silbermannschen Klänge verzaubern bis heute Musikliebhaber aus aller Welt.

Gottfried Silbermann wurde als jüngster Sohn eines Zimmermanns in Kleinbobritzsch geboren, in der nahe gelegenen Stadt Frauenstein verbrachte er seine Kindheit. Anfang des 18. Jahrhunderts ging er nach Straßburg, um sich dort von seinem älteren Bruder Andreas zum Orgelbauer ausbilden zu lassen. 1711 ließ er sich in Freiberg nieder und führte seine eigene Werkstatt. Sein erstes großes Orgelwerk vollendete er im Jahr 1714 im Freiberger Dom. Bis zu seinem Tod schuf Silbermann neben besaiteten Tasteninstrumenten etwa 50 Orgeln, von denen noch 31 erhalten sind. Die Orgel, die er als Geschenk an seine Heimatstadt baute, fiel einem Brand zum Opfer, tragischerweise auch eine zweite Orgel von ihm aus dem Jahr 1738.

Wer auf den Spuren des berühmten Orgelbauers wandeln möchte, der sollte auf jeden Fall einen Stopp im idyllischen Osterzgebirge einplanen. Der Themenwanderweg »Gottfried-Silbermann-Pfad« bietet nicht nur herrliche Ausblicke, er führt auch an Lebensstationen des namhaften Sohns von Frauenstein vorbei. Sehenswert entlang der circa 8,6 Kilometer langen Strecke von Kleinbobritzsch nach Nassau sind unter anderem das Geburtshaus, der Silbermann-Brunnen, aus dem nicht nur Wasser, sondern auch Orgelklänge »sprudeln«, und das informative Silbermann-Museum. Ziel der Wanderung ist die Dorfkirche Nassau, die eine originale Orgel von der Hand des Barockmeisters aus dem Jahr 1748 beherbergt. Den Rückweg kann man auch bequem mit dem Bus antreten.

Adresse 09623 Frauenstein-Kleinbobritzsch | Anfahrt ab Freiberg Frauensteiner Straße über Weißenborn bis Frauenstein fahren, im Ort links auf Klingenberger Straße, weiter bis Kleinbobritzsch | Öffnungszeiten Gottfried-Silbermann-Museum: Di–So 10–16 Uhr; Nassauer Kirche: täglich 12–18 Uhr (unter Beachtung von Gottesdiensten und Veranstaltungen) | Tipp Der 670 Meter hohe Aussichtspunkt Röthenhübel bietet einen großartigen Ausblick auf Frauenstein und die Umgebung.

43 Der Bauerhase

Zum Anbeißen

Den Sachsen wird eine Vorliebe für Kaffee und Kuchen nachgesagt. Typisches Gebäck aus dem Freistaat wie die Eierschecke oder zur Weihnachtszeit der Christstollen sind in aller Munde. Manche Regionen haben zudem noch eigene Spezialitäten, die es sonst nirgendwo gibt.

Naschkatzen aufgepasst: Wer auf der Suche nach einer lokalen Leckerei ist, wird in der Silberstadt Freiberg fündig. Seit über 100 Jahren ist das Café Hartmann im Herzen der Stadt die erste Adresse für süße Verlockungen, die das Familienunternehmen bereits in der vierten Generation zaubert. Die Liebe zum Handwerk sowie hochwertige und erlesene Zutaten garantieren ein echtes Genusserlebnis. Neben einer großen Auswahl hausgemachter Torten, Kuchen, Marzipanspezialitäten, Schokolade und Trüffel-Pralinen hat die Konditorei den »Bauerhasen« im Angebot. Und was verbirgt sich hinter dieser Kreation, die viel mehr nach Hasenbraten als nach Backware klingt?

Es handelt sich dabei um ein süßes Hefegebäck mit Rosinen, Mandeln und geheimnisvollen Gewürzen in Form eines gespickten Hasens mit gekreuzten Hinterläufen. Sein Ursprung geht auf eine Sage aus dem 13. Jahrhundert zurück. An einem Fastnachtsdienstag befahl Markgraf Friedrich mit der gebissenen Wange (1257–1324) seinem Koch zu vorgerückter Stunde, den Gästen seiner Tafelrunde einen Hasenbraten zu servieren. Der Kaplan von St. Marien verurteilte es als Sünde, das Fastengebot so zu brechen. Ein Streit zwischen den beiden entbrannte, der Markgraf ließ dennoch den Hasen auftragen. Der pfiffige Koch namens Bauer überlistete die feine Gesellschaft mit einem gebräunten Braten, der sich jedoch als Hefegebäck herausstellte. Der nach dem Pfiffikus benannte »Bauerhase« wurde vor dem Zweiten Weltkrieg in ganz Freiberg gebacken. Heute ist er nur noch in der Konditorei Hartmann erhältlich, wo er nach einem patentierten Originalrezept hergestellt wird. Sagenhaft lecker!

Adresse Konditorei & Café Hartmann, Petersstraße 1A, 09599 Freiberg, www.cafe-hartmann.de | **Anfahrt** A4, Ausfahrt Siebenlehn, B101 nach Freiberg, dort Richtung Altstadt, Parkplätze am Obermarkt oder im Parkhaus in der Altstadt, 2 Gehminuten zum Café | **Öffnungszeiten** Di–Sa 10–17 Uhr, So 13–17 Uhr, Feiertage geschlossen | **Tipp** Täglich um 11.15 Uhr und um 16.15 Uhr schallt aus dem Rathausturm ein Glockenspiel über den Marktplatz.

44 Engel und Bergmann

Nackt in der Öffentlichkeit

Alles kommt vom Bergwerk her, sagt man im Erzgebirge. War es doch der Bergbau, dem das Mittelgebirge seinen Namen verdankt und der auch die Landschaft und Kultur der Region prägte. Traditionen und Kunsthandwerk sind tief mit der Bergbaugeschichte verwurzelt. Bergmännisches Brauchtum wird heute noch mit Stolz gepflegt und hat seinen festen Platz in der Advents-und Weihnachtszeit.

Zum bekanntesten Symbol der Erzgebirgsweihnacht zählen der Bergmann und der Engel, sie verkörpern die Sehnsucht der Bergleute nach dem Licht. Alles begann mit dem Lichterbergmann – die geschnitzte Figur auf dem Fensterbrett sollte dem heimkehrenden Bergmann den Weg in der Dunkelheit erhellen. Erst im Laufe der Jahre gesellte sich der Engel hinzu. Die Bergmannsfamilien stellten für jedes Kind eine Figur ins Fenster, für die Jungen einen Bergmann und für die Mädchen einen Engel. Darauf beruht der bis heute erhaltene Brauch, das Lichterpaar zur Weihnachtszeit im Fenster oder in der Stube aufzustellen.

Gemeinsam gehen Bergmann und Engel durchs Leben, meist gedrechselt, bunt bemalt oder naturfarben. Das Paar ist aber nicht nur in vielfältiger Form als Weihnachtsdekoration anzutreffen, in der Silberstadt Freiberg schmücken Bergmann und Engel den Brunnen vor der Begegnungsstätte der Diakonie. Der 1942 in Freiberg geborene Bildhauer Bernd Göbel schuf die Bronzeplastik im Jahr 2015 im Bereich seines Elternhauses. Die beiden Figuren knien auf verschiedenfarbigen Säulen, streben einander zu und spenden feine Wasserstrahlen aus merkwürdigen kleinen Behältnissen. Sie zeigen sich jedoch nicht in der typischen Tracht – weiße Hose, schwarze Jacke und weißes Kleid mit Schürze –, sie sind splitternackt! Zugunsten einer klaren Körperlichkeit hat der Künstler auf die Gewänder verzichtet. Dem Bergmann hat er aber einen Hut mit dem Freiberger Wappentier, dem Meißner Löwen, aufgesetzt. Chapeau!

Adresse Wallstraße, 09599 Freiberg | Anfahrt A4, Ausfahrt Siebenlehn, B101 nach Freiberg, auf Höhe des ehemaligen Marstalls | Tipp Ein weiteres Kunstwerk des Bildhauers Bernd Göbel ist der Fortuna-Brunnen in der Peterssstraße. Die schöne Glücksgöttin sitzt auf einem Lebensbaum und lässt das Glück aus dem Füllhorn plätschern. Persönlichkeiten aus Freibergs Geschichte wurden am Lebensbaum verewigt.

45 Herders Ruhe

Das Grab von Goethes Patenkind

In einer ehemaligen Halde oberhalb von Freiberg befindet sich das Grab von Sigismund August Wolfgang Freiherr von Herder (1776–1838). Zu Recht wird dieser Ort Herders Ruhe genannt, denn es ist schließlich die letzte Ruhestätte des Oberberghauptmanns. Davon abgesehen ist es auch in dem kleinen, lichten Wäldchen, in dem die Grabstätte liegt, ruhig. Eine Windböe lässt das Laub rascheln, dann wieder Stille. Ein Gefühl stellt sich ein, entrückt, als würde die Zeit stillstehen. Fast unheimlich. Dann ein Knacken. Ist es der Kinderfänger, vor dem früher die Ortsansässigen ihre Sprösslinge warnten? Ein aufgeschreckter Hase springt aus dem Unterholz hervor und rennt hakenschlagend davon. Durchatmen. Von wegen Kinderfänger. Nur ein Ammenmärchen, um die Kinder von dem Gelände fernzuhalten.

Nicht nur ein Grabstein, sondern ein ganzes Denkmal ehrt den hier begrabenen von Herder. Es gleicht einem zugemauerten Tunnelportal. Oben ist die Inschrift »Hier ruht der Knappen treuster Freund« zu lesen. In der Mitte ist eine bronzene Grabplatte mit Namen, Lebensdaten, Knappenfiguren und Wappen angebracht. Es war von Herders Wunsch, auf der stillgelegten Schachthalde der Grube »Heilige Drei Könige« beerdigt zu werden. Seinem Ersuchen kam das Land Sachsen selbstredend nach, denn immerhin war von Herder schon zu Lebzeiten eine Ikone des Bergbaus. Unter seiner Direktion wurden neue Maschinen im Bergbau eingesetzt, zugleich revolutionierte er das Hüttenwesen und führte die Gasbeleuchtung ein. Das alles hatte einen Boom des sächsischen Bergbaus zur Folge. Außerdem wurde durch ihn das bergmännische Standesbewusstsein gestärkt. Bergmann zu sein war wieder en vogue, ein Beruf, auf den jeder stolz sein konnte.

Es ist somit nicht erstaunlich, dass ihm bei seiner Beerdigung 747 Kumpel die letzte Ehre erwiesen. Denn sie alle hatten dem Oberberghauptmann viel zu verdanken.

Adresse Tuttendorfer Weg, 09599 Freiberg | Anfahrt ab Freiberg-Zentrum auf der Halsbrücker Straße nach Norden fahren, rechts auf Freiberger Straße, anschließend rechts auf Tuttendorfer Weg | Tipp Die Ortspyramide in Schneeberg ist einem Wismut-Förderturm nachempfunden. Historische Wappenschilder zieren den Giebel der fast elf Meter hohen Pyramide. Eine der handgefertigten Figuren stellt Sigismund August Wolfgang Freiherr von Herder dar.

46 Das Wilhelmine-Reichard-Haus

Das Heim der ersten deutschsprachigen Influencerin

Jahrelang dem Verfall preisgegeben, stand das im Jahr 1820 erbaute Wilhelmine-Reichard-Haus im Freitaler Stadtteil Döhlen kurz vor dem Abriss. Verschwunden wären beinahe die Balken des Fachwerks und die vermutlich wegen Hochwasserschäden entstandene Abschrägung des westlichen Gebäudeteils. Aber nicht nur ein erhaltenswertes Bauwerk wäre dem Erdboden gleichgemacht worden, sondern ebenso wäre auch ein Zeugnis der deutschen Luftfahrtgeschichte für immer verloren gegangen. Nur gut, dass es anders kam.

1998 wurde das Haus liebevoll saniert; zugleich wurde damit das ehemalige Zuhause der ersten deutschen Ballonfahrerin Wilhelmine Reichard (1788–1848) gerettet. Eine Gedenktafel an der Stirnseite erinnert an sie. Aufgrund seiner bau- und personengeschichtlichen Relevanz ist das Haus nunmehr ein Kulturdenkmal. Gern wird es als das »älteste erhaltene Gebäude deutscher Luftfahrt« bezeichnet. Das mag zutreffend sein, doch das Alter sieht man dem Haus nicht mehr an. Es wirkt eher, als wäre die Flugpionierin Wilhelmine Johanna Reichard gerade erst eingezogen.

Als erste deutsche Frau bestieg sie am 16. April 1811 in Berlin einen Ballon und erhob sich allein in die Lüfte. Ebenfalls als erste Ballonfahrerin überlebte sie bei einem weiteren Flug einen Absturz aus rund 8.000 Meter Höhe. Und als erste Ballonfahrerin monetarisierte sie ihre insgesamt 17 Fahrten, indem sie ein publikumswirksames Rahmenprogramm anbot. Nicht nur die Zuschauer waren gern bereit, Groschen springen zu lassen, selbst der Adel war begeistert. 1820 war es dann sogar der österreichische Kaiser, der die Ballonfahrerin in Prag und Wien belohnte.

Große Reichweite? Werbung und Vermarktung des Produktes? Es ist wohl nicht übertrieben, Wilhelmine Reichard postum auch zur ersten deutschsprachigen Influencerin zu küren.

Adresse Reichardstraße 9, 01705 Freital-Döhlen | Anfahrt ab Dresden Richtung Freital, über Freiberger Straße, Tharandter Straße und Dresdner Straße, links auf August-Bebel-Straße, dann links auf Albert-Schweitzer-Straße, weiter bis Deubener Straße, diese durchfahren und rechts in die Reichardstraße | Tipp Eine Büste der himmelstürmenden Abenteurerin kann im Verkehrsmuseum in Dresden besichtigt werden.

47 Die Natursteinkaskade

Die Treppe der Riesen

Gemächlich schlingert sich die Rote Weißeritz durch den Rabenauer Grund. Insekten schwirren herum, das Wasser plätschert über die Steine im Flussbett. Eine landschaftlich reizvolle Kulisse, die bereits Heinrich von Kleist verzauberte und den Maler Ludwig Richter zu seinem Gemälde »Genoveva in der Waldeinsamkeit« inspirierte.

Doch nicht nur die vielfältige Flora und Fauna, die seit 1954 unter Naturschutz steht, lädt zu einer ausgedehnten Wanderung ein. Seit 1882 verkehrt hier die Weißeritztalbahn. Die Trasse schlängelt sich am Fluss entlang und überquert dabei zahlreiche Brücken. Damit aber noch nicht genug.

Folgt man dem Fluss vom Parkplatz aus ein Stück aufwärts, weitet sich das Tal nach wenigen hundert Metern. Inmitten des Wiesengrundes steht hier seit 1911 ein Wasserkraftwerk. Über die Jahre mehrmals saniert, beherbergt es inzwischen drei Turbinen. Diese werden mit Wasser versorgt, welches weiter oben nahe der Rabenauer Mühle vom Fluss abgezweigt und dann über eine 176 Meter lange Druckleitung zugeleitet wird. Die Fallhöhe des Wassers beträgt fast 40 Meter. Die Funktionsweise erläutern Schautafeln und Mitmach-Modelle – ein Spaß für Kinder –, die neben dem Gebäude zu finden sind.

Von hier aus sind es nur noch wenige Meter zu dem kuriosesten Bauwerk im Tal: der Natursteinkaskade. Sie gleicht einer Treppe für Riesen, der untere Absatz steht im Flussbett, oben endet sie am Wasserschloss. Bei diesem Schloss handelt es sich nicht um ein schmuckes Bauwerk, sondern um ein technisches Gerät. Es verhindert, dass beim Schließen der mächtigen Rohrleitungen, die durch den Hang zu den Turbinen führen, Wasserdruckstöße Zerstörungen anrichten. Und wie dieses Schloss dient auch die Natursteinkaskade dem Schutz der ganzen Technologie: Über die Stufen wird überschüssiges Wasser abgeleitet. Ein Schauspiel der besonderen Art, das allerdings wetterabhängig ist.

Adresse Rabenauer Grund, 01705 Freital-Hainsberg | **Anfahrt** ab Freiberg B173, rechts auf Grillenburger Straße, dem Straßenverlauf bis Tharandt folgen, rechts auf Dresdner Straße, weiter bis zum Ortseingang Freital, rechts auf Hainsberger Straße, dann rechts auf »An der Kleinbahn«, Parkmöglichkeiten an der Schrebergartensiedlung, 15 Minuten Gehzeit | **Tipp** Auf dem Weg vom Parkplatz zur Natursteinkaskade kann man in die Somsdorfer Klamm einsteigen. Gutes Schuhwerk ist erforderlich.

48__Das DDR-Museum

Mit Herz und Leidenschaft

Berlin, Thale, Pirna und Gelenau verbindet eine Gemeinsamkeit: In allen Orten findet sich ein DDR-Museum. Das Museum in Pirna beeindruckt durch die Menge der Utensilien. In Berlin lockt ein echter Trabi, mit dem die Besucher virtuell durch die Stadt cruisen können. Thale bietet die Möglichkeit, viele Gegenstände aus Ostblocktagen in den Händen halten zu dürfen. Und das Alleinstellungsmerkmal des Museums im erzgebirgischen Gelenau ist seine Authentizität. Dieses privat geführte Museum ist das Juwel von Andrea Müller. Sie ist ein »Kind der DDR«, somit eine Zeitzeugin, und sie lässt es sich nicht nehmen, in persönlichen Gesprächen mit den Gästen die Jahre vor der Wende lebendig werden zu lassen. In diesem Museum muss niemand still durch die Räumlichkeiten wandeln und allein in Erinnerungen schwelgen. Wobei man durchaus schon sprachlos sein könnte hinsichtlich der vielen Ausstellungsstücke. Was bei Andrea Müller einst mit einer kleinen Sammlung anfing und über die Jahre durch Zukauf und Geschenke wuchs, füllt inzwischen eine ganze ehemalige Kirche.

Die Gegenstände werden thematisch zusammenhängend präsentiert und sind dabei meist passend in Szene gesetzt. Für viele dürfte dabei der »Konsum« das Schmuckstück der Ausstellung sein. Anders als früher allerdings biegen sich die Regale unter der Last der Produkte, darunter Spirituosen, Kosmetikartikel oder Konserven. Und keine Sorge: Niemand muss eine »Blaue Fliese« (umgangssprachlich für Westgeld) über die Ladentheke schieben, um eines der begehrten Güter ansichtig zu werden.

Darüber hinaus sind viele Dinge des DDR-Lebens zu entdecken. So gibt es unter anderem eine Spielzeugecke, ein Klassenzimmer und verschiedene Wohnungseinrichtungen.

Aber Obacht: Bitte nicht über die Katze stolpern. Sie ist kein Requisit aus DDR-Zeiten, sondern lebendig, zum Anfassen und quasi das Museumsmaskottchen.

Adresse Straße der Einheit 11, 09423 Gelenau/Erzgebirge | Anfahrt ab Chemnitz B174 Richtung Zschopau, weiter zur B180, dieser bis Amtsberg folgen, dort auf Gelenauer Straße und über Straße der Befreiung nach Gelenau, dort rechts auf Straße der Einheit abbiegen | Öffnungszeiten Fr 13–17 Uhr, Sa, So 11–17 Uhr | Tipp Imposant und schön anzuschauen ist der XXL-Schwibbogen an der Außenfront des Firmengebäudes JR Carport & Zimmerei GmbH (Emil-Werner-Weg 96). Mit einer Breite von 36,90 Metern und einer Höhe von 19,98 Metern gilt er als weltweit größter Fassaden-Schwibbogen. Seine 34 überdimensionierten Kerzen erstrahlen in der Adventszeit.

49 Die Bergmannskanzel

Kräftiger als Schwarzenegger

Da steht er, der schmucke Obersteiger, aufrecht und in Festtracht, die Arme nach oben gerichtet, die Kirchenkanzel auf Kopf und Händen balancierend. Seine Kleidung diente der Knappschaft von Glashütte als Vorbild für ihre eigene Paradeuniform. Der Bergmann wirkt entspannt, fast gelangweilt. Nichts deutet trotz seiner schweren Last auf eine Strapaze hin.

Wie anders wirken dagegen die Darstellungen von Atlas, der von der Tortur gekrümmt die Weltkugel trägt. Allerdings sollte nicht verheimlicht werden, dass der Steiger »erst« seit rund 350 Jahren die ihm zugedachte Aufgabe erfüllt, Atlas dagegen bereits vor mehreren tausend Jahren die schwere Fracht auf seinen Buckel hievte. Wer weiß, ob die Kirchenkanzel in einigen hundert Jahren noch in exakt derselben Höhe hängen wird?

Ohne Zweifel handelt es sich bei der Bergmannskanzel in dem evangelischen Gotteshaus St. Wolfgang um ein nicht alltägliches kirchliches Kunstwerk. Nicht nur die verzierte Kanzel und der aus Holz geschnitzte Bergmann sind bemerkenswert detailliert gefertigt. Auch die kleine Schüttung, auf die die Szene gestellt wurde, ist liebevoll ausgearbeitet. Echter Quarz und Gneis wurden für diese Nachbildung einer Halde verwendet. Der Stifter dieses Kompositums, Salomon Voigt, der am 4. Juni 1588 hier in Glashütte geboren und später Bürgermeister von Dresden wurde, dürfte hocherfreut über die Verwendung seiner Mittel gewesen sein.

Von der Bergmannskanzel lässt sich sogar eine Verbindung zur Uhrenproduktion herstellen, für die Glashütte geschätzt wird. Offensichtlich wurde zu allen Zeiten in dieser Stadt Wert auf Qualität und nuancierte Finesse gelegt. Eigenschaften, die bei der Feinmechanik eines Uhrwerks unverzichtbar sind. Somit überrascht es nicht, dass sich der Uhrenhersteller »Lange und Söhne« bis heute diese vorhandenen »Human Resources« zunutze macht und in Glashütte produziert.

Adresse Markt 8, 01768 Glashütte | Anfahrt A17, Ausfahrt Dresden-Südstadt, B170 Richtung Dippoldiswalde, links auf K9012/Schulstraße, rechts auf Kreischaer Straße, dann dem Straßenverlauf bis Glashütte folgen | Tipp Selbstverständlich darf in einer Stadt, in der die Uhrenherstellung eine alteingesessene Tradition darstellt, ein entsprechendes Museum nicht fehlen. Das »Deutsche Uhrenmuseum Glashütte« bietet einen Einblick in die Geschichte der ortsansässigen Uhrenindustrie von 1845 bis in die Gegenwart.

50__Die 1.000-jährige Eibe

Baumbarts Nichte

Vom Talgrund geht es einen felsigen Steilhang hinauf. Schilder mit dem Hinweis auf die 1.000-jährige Eibe weisen die Richtung auf den gut ausgebauten Wanderwegen. Vorwitzige Pilze schieben mutig ihre Köpfe durch den Boden, es wirkt, als würden bemützte Zwerge argwöhnisch die Fremdlinge beobachten. Moosbewachsene Steine glänzen feucht vom Morgentau. Insekten schwirren herum, tanzen im Licht der Sonnenstrahlen. Vögel singen, ein Specht hämmert. Die Schritte werden leicht und raumgreifend, frische Luft strömt in die Lungen. Hoch, hoch, immer höher geht es durch das Naturschutzgebiet Müglitzhang.

Hier und dort gibt der Wald den Blick auf Schlottwitz frei, einen Ortsteil der Stadt Glashütte. Einige steile Meter noch, dann ist es geschafft: Fest verwurzelt duckt sich die 1.000-jährige Eibe unter dem Kronendach der umstehenden Bäume. Auch wenn der Baum vermutlich jünger ist, als ihm angedichtet wird – rund 500 Jahre –, hat er viel gesehen, erlebt und vor allem: überlebt.

Eibenholz ist aufgrund des gemächlichen Wachstums sehr hart und war daher lange als Baustoff äußerst begehrt. Ein Wunder also, dass diese Eibe die Jahrhunderte unbeschadet überdauert hat. Sie ist hochoffiziell ein Naturdenkmal und gleichzeitig ein Baum, der dem Meisterwerk »Herr der Ringe« des legendären Schriftstellers J. R. R Tolkien entsprungen sein könnte. Fast erwartet man hier, Elfen und Orks anzutreffen. Oder dass sich die stämmigen Wurzeln aus dem Boden reißen, ein kräftiger Ast den Besucher packt, ihn auf seine Schulter setzt und losmarschiert. Alles nur Humbug? Hand aufs Herz: Ist die Stimmung unter der Eibe nicht doch anders als im Rest des Waldes? Ruhiger, voller magischer Energie, die den Körper zu durchdringen vermag?

Stumm steht die Eibe da und schaut mit ihrer knorrigen Lebensklugheit herab auf die Gäste. Und es scheint, als würde in der Rinde ein wissendes Lächeln aufblitzen.

Adresse 01768 Glashütte-Schlottwitz | **Anfahrt** A17, Ausfahrt Heidenau in Sachsen, links auf S175 abbiegen, dem Straßenverlauf bis Märchenwiese Reinhardtsgrimma folgen, links auf K9025 Richtung Schlottwitz, in Schlottwitz rechts auf Müglitztalstraße, Parkmöglichkeiten am Sportplatz, 20 Minuten Gehzeit | **Tipp** Etwa acht Kilometer entfernt, in Schmorsdorf, steht die gleichnamige Linde. Der Hohlraum des Stammes ist begehbar. Dahinter erwartet das »Lindenmuseum Clara Schumann« die Besucher.

51 Die Dudelskirche

Die göttliche Strafe

In einer Talmulde erbaut, ist die ehemalige St.-Oswalds-Kirche in Waschleithe, die im Volksmund »Dudelskirche« genannt wird, auf den ersten Blick eine gewöhnliche Ruine. Teile der Bruchsteinmauer lassen den Grundriss erkennen, ein Kreuz weist auf die einstige sakrale Funktion hin, mehr ist nicht erhalten. Allein deswegen wären die Überreste kaum eine Erwähnung wert. Was sie aber heraushebt, ist eine gruselige Entstehungsgeschichte, bei der ein Mörder eine wichtige Rolle spielte.

Die Grundsteinlegung der Kirche erfolgte um das Jahr 1514. Gemäß einer Überlieferung soll die Finanzierung durch den reichen Hammer- und Bergherrn Caspar Klinger erfolgt sein. Dieser hatte kurz zuvor seinen Bruder Wolf Götterer umgebracht. Zwar wurde Caspar Klinger dafür zum Tode verurteilt, allerdings durfte er den Mord durch eine Geldbuße sühnen. Vor diese Wahl gestellt, musste Klinger nicht lange überlegen, und so ließ er die St.-Oswalds-Kirche erbauen. Zunächst kam er damit davon. Doch offensichtlich war die göttliche Instanz mit dieser Art der Wiedergutmachung nicht einverstanden. Denn bei der Einweihung der Kirche zog ein derart entsetzliches Unwetter auf, dass sich niemand traute, die Sturmglocke anzuschlagen. Daraufhin befahl der Pastor dem Bergherrn Casper Klinger, diese Aufgabe zu übernehmen. Der fügte sich widerwillig und eilte den Kirchturm hinauf. Doch kaum oben angekommen, wurde Klinger von einem Blitz erschlagen. Zudem brach ein Feuer aus, und das schmucke Gebäude brannte bis auf die Grundmauern nieder.

Klingers Gebeine entdeckte man später unter den Trümmern, er wurde unweit der Ruine begraben. Jedoch hat er wohl auch in seiner letzten Ruhestätte keinen Frieden gefunden. Noch heute soll sein unsteter Geist herumstreifen. Und pfeift der Wind durch die Ritzen des Mauerwerks, könnte man tatsächlich glauben, er wispere einem einen kalten Gruß zu.

Adresse Talstraße 4, 08344 Grünhain-Beierfeld-Waschleithe | Anfahrt A72, Ausfahrt Stollberg-West, rechts auf B169, weiter auf B180 und S258, bei Zwönitz rechts auf Annaberger Straße, dann links auf Grünhainer Straße, später auf Zwönitzer Straße, in Grünhain links auf Oswaldtalstraße, dann rechts auf Talstraße, Dudelskirche linker Hand | Tipp Bei einem gemütlichen Rundgang durch den Natur- und Wildpark Waschleithe lassen sich ganzjährig rund 250 überwiegend heimische Tiere aus über 40 Arten beobachten. In einem begehbaren Gehege kann man Rentieren ganz nahe kommen.

52 Die Rolle-Mühle

Da klappert was am rauschenden Bach

Wie man nachhaltig produziert und dabei der Umweltschutz nicht zu kurz kommt, kann im Tal von Waldkirchen erfahren werden. In unmittelbarer Nähe zur Zschopau wird hier in der einzigen Getreidemühle im Erzgebirge seit über 150 Jahren Mehl gemahlen.

Das historische Bauensemble, bestehend aus ehemaligem Blaufarbenwerk und dem Mühlenkomplex, ist nicht zu übersehen. Die Gebäude sind mächtig, gleichen einer kleinen Fabrik. Allerdings verbirgt sich hinter dieser eher gewöhnlichen Kulisse ein bemerkenswertes Umweltmanagement-Konzept. Im Jahr 1992 wurde ein firmeneigenes Wasserkraftwerk in Betrieb genommen. Seitdem laufen alle Anlagen mit regenerativer Energie. Dabei wurde darauf geachtet, die Wasserkraft schonend zu nutzen, damit sich die Wasseramsel und der Fischreiher im Mühlengrund weiterhin wohlfühlen. Eine Fischaufstiegsanlage am Kraftwerk sorgt dafür, dass auch die Wassertiere zu ihren Laichgründen gelangen können. Darüber hinaus wird Sonnenenergie aus einer Solaranlage gewonnen. An arbeitsfreien Wochenenden kann so sogar Strom ans Netz abgegeben werden. Das Getreide stammt aus dem regionalen Anbau, viele Produkte sind biozertifiziert. Diese können direkt vor Ort im mühleneigenen Laden erstanden werden.

Eine betriebswirtschaftliche Erfolgsgeschichte, keine Frage. Doch die Mühlräder liefen nicht immer rund; zahlreiche Rückschläge galt es seit dem Kauf der Gebäude im Jahr 1856 durch den Bäckermeister Carl Friedrich Rolle wegzustecken. 1923 vernichtete ein Brand die Mühle, sie musste neu gebaut werden. 1972 wurde sie verstaatlicht und existierte als »VEB Mühle Waldkirchen« weiter. 1990 wieder privatisiert, kam es leider im Jahr 2002 zu schweren Schäden durch das Jahrhunderthochwasser.

Erfreulicherweise schaffte es die Familie Rolle, jede Katastrophe zu meistern und ihre Mühle bis zum heutigen Tage klappern zu lassen. Glück auf für die Zukunft!

Adresse Zschopenthal 15, 09579 Grünhainichen, www.rolle-muehle.de | Anfahrt ab Chemnitz B174 nach Zschopau, Ausfahrt Eppendorf/Zschopau-Nord, dem Straßenverlauf bis Zschopenthal folgen | Öffnungszeiten Mo–Fr 7–16 Uhr | Tipp Im zehn Kilometer entfernten Hennersdorf führt eine urige, überdachte Holzbrücke über die Zschopau. Sie ist 36,35 Meter lang und kann Fahrzeuge bis zu einem Gewicht von 7,5 Tonnen tragen. Die Konstruktion ist ein Denkmal der Verkehrsgeschichte.

53 Die Spieldose

Kindheitserinnerungen im XXL-Format

Großpyramiden eroberten im Laufe des letzten Jahrhunderts die Marktplätze im Erzgebirge. In der Weihnachtszeit, die mit dem »Pyramidenanschieben« zum ersten Advent eingeläutet wird, sind verschiedenste Figuren auf ihren Drehtellern unermüdlich im Einsatz. Neben traditionellen Bergmännern oder weihnachtlichen Figuren finden sich oft auch einheimische Besonderheiten und Figuren mit Bezug zur Ortsgeschichte auf den meterhohen Pyramiden.

In Grünhainichen präsentiert sich die Gemeinde auf andere Weise: Anstelle einer Freilandpyramide ziert hier ganzjährig eine übergroße Spieldose die Ortsmitte, auf der farbenfrohe Figuren von Wendt & Kühn unter zarten Klängen ihre Runden drehen. Spieldosen der Traditionsmanufaktur, die im Jahr 1915 von Grete Wendt und Margarete Kühn in Grünhainichen gegründet wurde, werden bis heute in liebevoller Handarbeit gefertigt und zählen seit Jahrzehnten zu den beliebten Klassikern der Werkstätten. Ob in Klein oder Groß – sie sind ein echter Hingucker.

Seit dem 1. Dezember 1979 sorgt die Freilandspieldose für weihnachtliche Stimmung im Ort, bestückt mit dem Weihnachtsmann, einem Margeritenengel und anderen Figuren, die um den Tannenbaum in der Mitte kreisen. Jahre später folgte ein Pendant für die warme Jahreszeit: 1999, zur 650-Jahr-Feier von Grünhainichen, wurde die Sommervariante eingeweiht. Sie ist ein Abbild der Spieldose »Kinderreigen«, die Grete Wendt um 1925/26 entworfen hat und die durchgängig im Sortiment der Manufaktur verblieben ist. Von einer Bank aus lassen sich bequem die fröhlichen Kinder bei ihrem Reigen um den großen Laubbaum betrachten. Und wer nun wie viele Sammler weltweit dem Charme der lieblichen Figuren erlegen ist, der kann unweit der Spieldose im Stammhaus von Wendt & Kühn die einzigartigen Kreationen, allen voran die berühmten Engel mit den grünen Flügeln und den elf weißen Punkten, bestaunen.

Adresse Chemnitzer Straße, 09579 Grünhainichen | Anfahrt ab Chemnitz B174 nach Zschopau, Ausfahrt Eppendorf/Zschopau-Nord, dem Straßenverlauf bis Zschopenthal folgen, zunächst Richtung Waldkirchen, anschließend nach Grünhainichen | Tipp Der benachbarte Ort Krumhermersdorf besitzt ein besonderes Wahrzeichen: ein Aquädukt. Die Wasserbaubrücke führt im Niederdorf über den Dorfbach und die Waldkirchener Straße.

54 Der Schachwanderweg

»Schachmatt durch die Dame im Spiel«

Schwarz und weiß, acht mal acht gleich 64 Felder, 32 Figuren, einfache Regeln, jede Partie einzigartig – Schach zieht seit Jahrhunderten Menschen auf der ganzen Welt in seinen Bann. Seit der Netflix-Serie »Das Damengambit« über eine junge Schachspielerin hat das »Spiel der Könige« einen regelrechten Schach-Boom ausgelöst. Dabei dürfte so manche Partie auf einem Schachbrett aus dem Erzgebirge ausgetragen werden.

In Borstendorf florierte einst die Herstellung von Schachspielen, so verwundert es nicht, dass das Wahrzeichen des Ortes ein Schachbrett ist. Die Entwicklung zum Schachdorf nahm im 19. Jahrhundert ihren Anfang, als Borstendorfer Spielwarenhändler größere Aufträge für Dame- und Schachbretter von der Leipziger Messe mitbrachten. In den Jahren 1871 bis 1875 entwickelten sich mehrere Schachbrettfabriken. Die Vielfalt der Produkte, darunter Schachtische, Reise- oder Blindenschach sowie Spielboxen, erfreute sich einer hohen Nachfrage. Schließlich avancierte Borstendorf zum führenden Produktionsstandort von Dame- und Schachbrettern auf der Welt.

Als alleinige Hersteller in der damaligen DDR produzierten die Borstendorfer zusammen mit Grünhainichen bis zu 7.000 Schachbretter im Monat, die letzten wurden 1991 von der Firma K. P. Uhlig angefertigt. Heute lässt der »Schachwanderweg« die Schachtradition des Ortes wieder aufleben und erinnert an die Zeit, als Dame und König in Borstendorf »herrschten«. Ähnlich den Schachfiguren, die bekanntermaßen unterschiedliche Zugmöglichkeiten haben, können auch die Wanderer verschiedene Wege für ihre »Schachpartie« wählen. Quasi en passant lassen sich je nach Strecke bis zu 16 geschnitzte Holzschachfiguren »mitnehmen«. An den jeweiligen Stationen erzählen bebilderte Infotafeln von der Historie des Schachdorfes. Unterwegs wird man zudem mit einem königlichen Ausblick auf die »Krone des Erzgebirges« – Schloss Augustusburg – belohnt.

Adresse 09579 Grünhainichen-Borstendorf | Anfahrt ab Chemnitz B174 nach Zschopau, Ausfahrt Eppendorf/Zschopau-Nord, dem Straßenverlauf bis Zschopenthal folgen, dort zunächst Richtung Waldkirchen fahren, anschließend über Grünhainichen nach Borstendorf | Tipp Das Dorfmuseum im elf Kilometer entfernten Gahlenz befindet sich in einem denkmalgeschützten Dreiseitenhof. Die Ausstellung erzählt vom Leben auf dem Land um 1900.

55 Die Hartensteiner Sterne

Zwölf Zacken für die Weihnachtszeit

Was wäre Weihnachten ohne den Weihnachtsstern? Kaum vorstellbar! Wie einst der Stern über Bethlehem leuchten heute zur Weihnachtszeit Sterne in den heimischen Stuben und lassen sie in festlichem Glanz erstrahlen. Aus dem Westerzgebirge stammen die mit Ornamenten verzierten Weihnachtssterne einer kleinen Manufaktur in Hartenstein.

Die Geschichte des Sterns nimmt ihren Anfang im frühen 20. Jahrhundert. Der Buchbindermeister Oswald Härtel (1864–1943) eröffnete 1908 in der schönen Schlossstadt seine Werkstatt, er reparierte Bücher und stellte Schuhkartons her. Eines Tages im Advent kam ihm die Idee, einen dekorativen Stern aus Kartonpappe zu bauen. Dieser schmückte fortan seine Stube zur Weihnachtszeit. Das Unikat ging in den Wirren des Krieges verloren, lediglich ein Foto war geblieben. Als die Aufnahme 1945 seinem Sohn Martin in die Hände fiel, beschloss dieser, den Stern weiterzuentwickeln. Er konstruierte ein Modell, das sich auseinanderbauen und in einer Schachtel verpacken ließ. 1948 präsentierte er es auf der Leipziger Messe und legte damit den Grundstein für den Erfolg der Hartensteiner Weihnachtssterne. Eine »Sternstunde« im Hause Härtel, denn seitdem widmet sich die Buchbinderfamilie der Fertigung ihrer zwölfzackigen Weihnachtsdekoration.

Die Manufaktur wird nunmehr in der vierten Generation von der Urenkelin Beate Heyn (geborene Härtel) geführt. In ihrer Werkstatt am Marktplatz, die noch mit den Maschinen ihrer Vorfahren ausgestattet ist, stellt sie zusammen mit einer Angestellten die filigranen Sterne in liebevoller Handarbeit her. Hier wird zugeschnitten, gestanzt, abgekantet, geheftet, gepresst und geklebt, bis sich alle Teile zu einem Ganzen zusammensetzen lassen. Die Sterne stehen für erzgebirgische Tradition, ihr sanftes Licht zaubert eine heimelige Atmosphäre ins Haus und macht die Weihnachtsstimmung perfekt.

Adresse Marktplatz 7, 08118 Hartenstein, www.hartensteiner-weihnachtssterne.de | Anfahrt A72, Ausfahrt Hartenstein, auf der Hartensteiner Straße nach Hartenstein, im Ort der Beschilderung zum Zentrum folgen | Öffnungszeiten Mo, Di, Do, Fr 9–12 und 15–18 Uhr, Sa 9–11.30 Uhr | Tipp Die Schlossruine Hartenstein ist eines der ältesten Bauwerke Sachsens. Die Gebäudeteile sind teils noch sehr gut erhalten. Führungen sind nach vorheriger Absprache möglich.

56 Die Prinzenhöhle

Ein geschichtsträchtiger Stollen

Den Rucksack geschnürt, und los geht's! Die Prinzenhöhle bei Hartenstein lockt. Vom Muldental geht es aufwärts zum Forsthaus, einer Einkehrmöglichkeit mit dem passenden Namen »Zur Prinzenhöhle«. Doch was ist das? Links eine Felswand, rechts ein Abhang, in Laufrichtung das Gebäude. Es scheint, als würde der Wanderweg hier enden.

Gemach, gemach. Jetzt nicht umkehren, sondern bis an die Gaststätte herantreten und nach links schauen. Da ist er wieder, der Wanderweg, der zwischen Felswand und Gasthaus vorbeiführt. Von hier ist es nicht mehr weit bis zur Prinzenhöhle. Der 18 Meter lange mittelalterliche Bergstollen ist begehbar, allerdings nicht beleuchtet. Eine Taschenlampe ist daher nützlich.

Nach der Erkundung bietet sich eine »Prinzenrolle« als Pausensnack an. Und während man die Kekse genießt, lauscht man der Geschichte vom Prinzenraub: Einst lag der Junker Kunz von Kauffungen mit dem Kurfürsten über Kreuz. Ein Rechtsstreit um Geld und Ländereien zog sich über Jahre. So etwas zerrt an den Nerven, und in der Nacht vom 7. auf den 8. Juli 1455 platzte dem Junker der Kragen. In Wildwestmanier nahm er die Sache selbst in die Hand und entführte mit einigen seiner Recken die Söhne des Kurfürsten, die Prinzen Ernst und Albrecht. Ziel war es, sie gegen Zahlung von Lösegeld wieder freizulassen. Auf der Flucht teilte sich der Trupp. Kunz von Kauffungen führte den Zug an, der den Prinzen Albrecht mit sich führte; die Ritter Wilhelm von Mosen und Wilhelm von Schönfeld hatten den Prinzen Ernst im Schlepptau. Letztere Gruppe versteckte sich drei Tage in der Prinzenhöhle vor ihren Verfolgern. Als sie davon hörten, dass Kunz von Kauffungen gestellt worden war, gaben sie Prinz Ernst gegen Zusicherung von Straffreiheit heraus. Ein schlauer Schachzug, denn so kamen sie mit dem Leben davon. Kunz von Kauffungen dagegen wurde zur Strafe am 14. Juli 1455 in Freiberg enthauptet.

Adresse Talstraße 3, 08118 Hartenstein | Anfahrt A72, Ausfahrt Hartenstein, Richtung Hartenstein, rechts auf Hartensteiner Straße, dem Straßenverlauf folgen, links in die Zufahrt zum Forsthaus Prinzenhöhle einbiegen, circa 10 Minuten Gehzeit | Tipp Weniger als drei Kilometer entfernt befindet sich das Museum Burg Stein. Die Ausstellung zeigt zahlreiche Exponate aus dem Mittelalter. Auch wird die Geschichte des Junkers Kunz von Kauffungen erzählt, der durch den »Altenburger Prinzenraub« bekannt wurde.

57__Die Eispinge

Das (fast) ewige Eis

Keine Sorge: Bei einer Wanderung von der Bergstadt Platten (Horní Blatná) in Tschechien hinauf zum Plattenberg muss kein Eispickel mitgenommen werden, auch wenn das manchmal scherzhaft behauptet wird. Allerdings sind festes Schuhwerk und eine wärmende Jacke angeraten, möchte man einen Blick in die frostkalte Eispinge (Ledová Jáma) werfen.

Bevor nun zur Besichtigungstour aufgebrochen wird, ist es sicherlich hilfreich zu wissen, was eine Pinge ist. Diese künstliche Geländeeinkerbung bildet sich, wenn beim Bergbau steile Gänge direkt von der Oberfläche ins Gestein getrieben werden.

Auf dem Plattenberg begann um 1532 ein intensiver Zinnabbau. Zahlreiche tief einschneidende Stollen wurden angelegt, der Berg wurde mancherorts quasi scheibchenweise zerschnitten. So entstand mit der Zeit auch die imposant anzusehende Wolfspinge, die der Eispinge hangabwärts vorgelagert ist. Gut 120 Meter lang, 15 Meter breit und 20 Meter tief ist diese Hinterlassenschaft der Zinngewinnung. Bei genauer Betrachtung sind sogar noch alte Stollengänge in den steilen Wänden zu erkennen.

Gerade die Größe unterscheidet die Wolfspinge von der Eispinge. Letztere ist zwar auch rund 20 Meter tief, doch am Eingang nur wenige Meter breit. Eine schmale Treppe mit ausgetretenen Stufen führt hinab zu einer kleinen Aussichtsplattform, von der aus die engste Stelle der Pinge betrachtet werden kann. Hier steht das ganze Jahr über die kalte Luft. Dadurch erwächst Höhleneis, das selbst im Sommer selten vollständig abschmilzt. Derart beständig, konnte es sogar nach der Völkerschlacht bei Leipzig 1813 gebrochen und abtransportiert werden, um damit die Wunden der Verwundeten zu kühlen.

Beide Pingen sind seit 1975 offiziell Naturdenkmäler und gehören inzwischen zum UNESCO-Welterbe Montanregion Erzgebirge/Krušnohoří. Daher sei davon abgeraten, Eis mitgehen zu lassen. Denn das steht unter empfindlicher Strafe.

Adresse 36237 Horní Blatná (Bergstadt Platten), Tschechien | Anfahrt ab Chemnitz B174, ab Gronau der B180 folgen, vor Ehrenfriedersdorf auf die B95, über Annaberg-Buchholz bis Oberwiesenthal, Grenzübergang Gottesgab, Route 25 und später Route 219 bis Bärringen, dort rechts Richtung Horní Blatná, Parkmöglichkeiten im Ort, Gehzeit circa 30 Minuten | Tipp Für Erinnerungsfotos kann auf der Riesenbank in der Straße Havířská Platz genommen werden. Sie befindet sich – aus Horní Blatná kommend – auf dem Weg zur Eispinge.

58 Das Mückentürmchen

Wo Böhmen zu Füßen liegt

Es ist leicht zu erraten, wie das Mückentürmchen zu seinem Namen kam, sobald man erfahren hat, dass es seit 1568 auf dem Gipfel des zu Tschechien gehörenden Mückenbergs (Komáří hůrka, 807 Meter) steht. Allerdings stellt sich dann sofort die Frage, warum der Berg nach den Blutsaugern benannt wurde. Dazu gleich mehr, zunächst aber die Entwarnung: Beim Besuch des Mückentürmchens muss niemand mehr Mücken erwarten als irgendwo anders. Es sei denn, man stiehlt einem greisen Mütterchen die einzige Kuh …

Äußerst unangenehm wird dieses Vorhaben nämlich, sollte das Opfer in der Kunst des Verfluchens bewandert sein. Eine Sage berichtet davon: Ein Wilderer machte sich mit der Kuh einer Greisin davon. Hinterhereilen, um den Dieb zu stellen, kam aus körperlichen Gründen für die Beklaute nicht in Frage. Jedoch holte ein Fluch den Flüchtenden ein. So rief sie: »Du sollst von Mücken zerstochen werden, bevor du den Gipfel des Berges erreichst!« Und so geschah es. Unzählige Insekten erschienen und brachten den Dieb zur Strecke. Das Resümee: Eine Mücke macht bekanntlich keinen Sommer, ein blutdürstiger Schwarm kann dagegen einem Berg zum Namen verhelfen.

Das Mückentürmchen diente einst dazu, Beginn und Ende der Schicht der Bergleute zu verkünden. Noch heute finden sich zahlreiche Spuren des Bergbaus rund um den Gipfel. Eine große Pinge kann direkt in der Nähe besichtigt werden. Der Bergbau ging, der Tourismus kam. Das Mückentürmchen blieb und wurde 1857 in die neu erbaute Schankwirtschaft – heute ein »umschwärmtes« Berghotel mit Restaurant – integriert. 1952 wurde ein Sessellift installiert, der Besucher von Graupen (auf Tschechisch: Krupka, Ortsteil Bohosudov) auf den Gipfel trägt. Von der Aussichtsplattform bietet sich ein grandioser Rundblick. Bei sehr guter Sicht kann man bis ins Riesengebirge schauen. Ob dort wirklich Riesen wohnen? Das ist eine andere Geschichte.

Adresse Komáří vížka, Horní Krupka 120, 41741 Horní Krupka (Obergraupen), Tschechien | **Anfahrt** ab Dresden B170 über Dippoldiswalde bis Altenberger Biathlonarena, links auf S174a, über Zinnwald, Cínovec (Böhmisch Zinnwald) und Fojtovice bis zum Parkplatz unterhalb des Mückentürmchens, Gehzeit rund 10 Minuten | **Tipp** Eine Fahrt mit der grün-gelb lackierten Bimmelbahn bietet eine urige Möglichkeit anzureisen. Sie verkehrt in regelmäßigen Abständen von Altenberg zum Mückentürmchen.

59 Das Münzhaus

Die Geburtsstätte des Dollars

Geld macht nicht glücklich, aber es beruhigt. Heute kann es viel wert sein, doch morgen bereits bedeutungslos. Wo gestern noch die Alumünzen schepperten, klingeln einen Tag später Geldstücke aus Kupfernickel im Portemonnaie.

Hinsichtlich Zahlungsmittel ist nichts beständiger als die Veränderung. Daher ist die Geschichte des Geldes ein Buch mit vielen Kapiteln. Eine Seite dieses Kompendiums hat das Münzmuseum in Jáchymov (St. Joachimsthal) aufgeschlagen. Die Ausstellung im ehemaligen königlichen Münzhaus zeigt zwar auch Exponate zur Geologie und Mineralogie, darüber hinaus wird die Geschichte der Stadt erzählt, in der sogar die Nobelpreisträgerin Marie Curie eine wichtige Rolle spielte. Sie entdeckte in der Pechblende aus den ortsansässigen Gruben das Element Radium. Doch das alles ist nur Beiwerk zum wirklich Bedeutsamen: der Münzausstellung. Sie steht stellvertretend für die »Wiege des Dollars«, denn die mächtigste Währung der Welt hat hier ihre Wurzeln.

Im 16. Jahrhundert wurde an Ort und Stelle eine Silbermünze geprägt, der sogenannte »Joachimsthaler Guldengroschen«. Diesen sperrigen Namen benutzte damals kaum jemand, denn die Abkürzung »Taler« kam müheloser über die Lippen. Die Münze war ein Erfolgsmodell, mithin wurde der Taler ein geschätztes Zahlungsmittel. Als dann viel später in den USA die Unabhängigkeit inklusive einer eigenen Währung anstand, erinnerten sich deutschstämmige Auswanderer vermutlich daran und schlugen den Taler als Namensgeber vor. Einige Zungen behaupten nun, dass die sächsische Färbung der Aussprache daraus »Dohlaa« gemacht habe. In Verbindung mit dem niederländischen »Daalder« und dem Niederdeutschen »Daler« habe sich dann die Bezeichnung »Dollar« ergeben.

Gut, einige weitere Einflüsse gab es bei der Entstehung des Dollars schon noch. Aber dass der »Joachimsthaler« eine entscheidende Rolle dabei spielte, steht außer Zweifel.

Adresse Nám. Republiky 37, 36251 Jáchymov (St. Joachimsthal), Tschechien | Anfahrt ab Chemnitz B174, ab Gronau der B180 folgen, vor Ehrenfriedersdorf auf die B95, über Annaberg-Buchholz bis Oberwiesenthal, Grenzübergang Gottesgab, Route 25 bis Jáchymov (St. Joachimsthal) | Öffnungszeiten Feb.–April Mi–So 9–12 und 13–17 Uhr, Mai–Sept. Di–So 9–12 und 13–17 Uhr, Okt.–Dez. Mi–So 9–12 und 13–17 Uhr | Tipp Sehenswert ist die Allerheiligenkirche. Dabei handelt es sich um das älteste Fachwerkgebäude im westlichen Erzgebirge. Äußerlich eher unscheinbar, liegen im Inneren die Balken frei.

60 Das Randfichten-Ehrenmal

Musik ist Trumpf im Leben

Randfichten werden die Bäume eines Waldes genannt, die am Rand stehen und dadurch den Wetter- und Witterungseinflüssen in höchstem Maße ausgesetzt sind. Sie sind daher im Vergleich zu denen, die geschützter stehen, eher stämmiger und widerstandsfähiger. Diese hölzerne Art der Randfichten gibt es überall, wo es Waldungen gibt.

Jedoch existiert lediglich eine einzige Musikgruppe aus dem Erzgebirge, die sich »Randfichten« nennen darf. Ihren größten Hit »Lebt denn dr alte Holzmichl noch …?« können Partygäste aus dem Stegreif mitsingen. Mit diesem Titel wurde die Gruppe rund um die Gründer Thomas »Rups« Unger und Michael »Michl« Rostig im Jahr 2004 über Nacht deutschlandweit bekannt. Unter anderem aufgrund dieses Charterfolges erhielten sie im Jahr darauf den »Echo« für die beste volkstümliche Musik und die »Krone der Volksmusik« für die erfolgreichste Gruppe 2004. Der Hype um den Holzmichl erreichte schließlich einen weiteren Höhepunkt, als eine metergroße Kunstfigur am Sebnitzer Busbahnhof aufgestellt wurde. Und damit wäre die Antwort auf die im Lied aufgeworfene Frage gefunden: Also ja, zumindest als Holzfigur »lebt« der alte Mann immer noch.

Doch wäre es nicht irgendwie enttäuschend, wenn die Figur in dem bekanntesten Lied der Gruppe ein Memorial erhielte, deren »Geburtshelfer«, die Bandmitglieder, jedoch nicht? Vielleicht war genau das der Gedanke, der die Johanngeorgenstädter im Jahr 2007 umtrieb. Kurzum entschieden sie sich, den »Kindern ihrer Stadt«, den drei »Randfichten«, zum 15-jährigen Bestehen auf dem Marktplatz einen Gedenkstein zu widmen. Zwar ist von den drei Fichtensetzlingen, die gleichzeitig gepflanzt wurden, inzwischen nichts mehr zu sehen, doch der Stein glänzt immer noch feucht im Sonnenlicht des aufziehenden Morgens.

Die Randfichten als Musikband spielen heute immer noch auf, allerdings nicht mehr in der Originalbesetzung.

Adresse Ecke Georgistraße/Eibenstocker Straße, 08349 Johanngeorgenstadt | Anfahrt A72, Ausfahrt Hartenstein, Richtung Aue, auf Höhe Erzgebirgsstadion rechts auf die B169, weiter zur B101 und bis Schwarzenberg, rechts auf Schneeberger Straße, dem Straßenverlauf und der Beschilderung nach Johanngeorgenstadt folgen, dort links auf Eibenstocker Straße und zum Markt | Tipp Am Loipenhaus in der Schwefelwerkstraße befindet sich eine Roller- und Skatingstrecke. Die idyllisch im Wald gelegene Bahn kann auf einer Länge von 1.220 Metern umrundet werden. Im Winter wird sie als Loipe genutzt.

61__Der Riesenschwibbogen

Ein schwergewichtiges Wahrzeichen

Fährt man durch das Erzgebirge und passiert dabei die beschaulichen Dörfer, fällt der Blick unweigerlich auf schmiedeeiserne Schwibbögen an den Fassaden der Häuser, in Vorgärten oder auf Garagendächern. Vielerorts wird man von großen Ortsschwibbögen willkommen geheißen. Der Schwibbogen hat eine lange Tradition im »Weihnachtsland« Sachsen, zur Weihnachtszeit gibt es hier kaum ein Fenster, das nicht von einem Lichterbogen erhellt wird.

Die Wiege des Schwibbogens liegt in Johanngeorgenstadt, wo der erste Leuchter dieser Art im 18. Jahrhundert geschmiedet worden sein soll. Er symbolisiert die Sehnsucht der Bergleute nach Licht, die in der Winterzeit kaum Tageslicht zu Gesicht bekamen.

Ob sich seine Gestalt von einer Bergmannstradition ableitet, ist nicht eindeutig belegt. Am »Zechenheiligabend« zur Mettenschicht hängten die Bergleute ihre brennenden Grubenlampen halbkreisförmig an die Wand des Huthauses oder am bogenförmigen Stollenmundloch auf. Das könnte als Inspiration für die Form gedient haben. Eine andere Interpretation sieht den Schwibbogen als Himmelsbogen. Wie dem auch sei: Die beleuchteten Bögen haben nichts von ihrem Zauber verloren, und in der »Stadt des Schwibbogens«, auf dem Platz des Bergmanns in Johanngeorgenstadt, lässt sich ein Koloss dieser Weihnachtsdekoration bestaunen.

Der Gigant aus 700 Tonnen Stahlbeton und 15 Tonnen Edelstahl misst 25 Meter in der Breite und ist mit den elektrischen Kerzen 14,5 Meter hoch und der größte frei stehende Schwibbogen der Welt, gestiftet von dem Unternehmer Siegfried Ott. Das Motiv – zwei Bergmänner, sächsische Kurschwerter, eine Klöpplerin und ein Schnitzer – geht auf einen Entwurf der Illustratorin Paula Jordan aus dem Jahr 1937 zurück und zählt zu den beliebtesten in der erzgebirgischen Volkskunst. Keine Frage, in Johanngeorgenstadt wird Tradition großgeschrieben – und das im wahrsten Sinne des Wortes.

Adresse Platz des Bergmanns, 08349 Johanngeorgenstadt | Anfahrt A72, Ausfahrt Hartenstein, Richtung Aue, auf Höhe Erzgebirgsstadion rechts auf die B169, weiter zur B101 und bis Schwarzenberg, rechts auf Schneeberger Straße, dem Straßenverlauf und der Beschilderung Johanngeorgenstadt folgen, in Johanngeorgenstadt links auf Eibenstocker Straße, Parkplatz an der großen Pyramide | Tipp Auf dem großen Asia-Markt direkt hinter dem tschechisch-deutschen Grenzübergang in Potůčky (Breitenbach) kann man Kurioses, Kitsch und Kram kaufen.

62 Das Waldhufendorf

Ein Blick zurück in das Mittelalter

Müsste man die Eigenschaften eines Waldhufendorfes beschreiben, dann dürften »pragmatisch« und »klar aufgeteilt« bestens passen. Es ist daher nicht verwunderlich, dass im Mittelalter die Struktur eines solchen Dorfes vielerorts die bevorzugte Siedlungsform war.

Wie so etwas in natura aussieht, kann heutzutage immer noch im Pöhlatal begutachtet werden. Hier befinden sich einige Waldhufendörfer. Die dafür charakteristischste Gemeinde dürfte Königswalde sein, die sich entlang des Pöhlbaches erstreckt. Zahlreiche gut erhaltene Fachwerkhäuser zieren hier den Dorfkern sowie die evangelisch-lutherische St.-Trinitatis-Kirche.

Doch das allein macht aus Königswalde noch kein Waldhufendorf. Denn hierzu bedarf es weiterer kulturlandschaftlicher Eigenschaften: Die Fachwerkhäuser, ehemalige Höfe, wurden mit dem dazugehörigen Land als »Hufen« bezeichnet. Üblicherweise reihten sich die Hufen an einem Bach oder einer Straße Seite an Seite auf. Hinter den Häusern erstreckten sich die Feldflure streifenförmig bis zur Gemarkungsgrenze. Diese wurden durch Bäume oder Sträucher gekennzeichnet. Insbesondere am Ende des Flures waren oft Wälder oder Reste davon vorhanden. Die Hufen endeten üblicherweise vor dem obersten Punkt eines Höhenrückens, denn dahinter schloss sich das im benachbarten Tal befindliche Waldhufendorf an.

Aus der Ferne betrachtet wirkt das alles, als bestände die Landschaft aus rechteckigen grünen Fliesen (Nutzflächen), die durch dunkle Linien (Anpflanzungen) eingefasst sind. Interessierten sei nun der Naturlehrpfad »Hagebuttenweg« zwischen den Orten Mildenau, Geyersdorf und Königswalde empfohlen. Bei dieser Wanderung zeigen sich überall diese »grünen Fliesen«. Und rasch wird dabei deutlich: Nachbarschaftsstreitigkeiten aufgrund von ungeklärten Grundstücksgrenzen dürften bei dieser Siedlungsform weitestgehend ausgeschlossen gewesen sein.

Adresse 09471 Königswalde | Anfahrt ab Chemnitz B174, ab Gronau der B180 folgen, vor Ehrenfriedersdorf auf die B95, hinter Annaberg-Buchholz links auf Annaberger Straße und weiter bis Königswalde | Tipp Am Brettmühlenweg in der Nähe der August-Bebel-Straße 40 erinnert eine Steintafel an Otto Kressner. Der Wehrmachtssoldat wurde wenige Tage vor dem Ende des Zweiten Weltkriegs von SS-Männern getötet, weil er seinen Urlaub um zwei Tage verlängert hatte.

63__Die Alte Rodelbahn

Lost Place am Fichtelberg

Schlittenfahren in Oberwiesenthal ist ein Erlebnis. Die Naturrodelstrecke beginnt am Fichtelbergplateau und schwingt sich kurvig bis zur Schwebebahn und dem Vierersessellift hinab. So weit, so geläufig.

Weniger bekannt ist dagegen eine andere Rodelstrecke am Fichtelberg, im Unterholz versteckt, verwittert und vergessen. Ein Platz, an dem Geschichte nachvollzogen werden kann, ein Lost Place mit atmosphärischer Faszination. Wer fotografisch auf Schatzsuche gehen möchte, der wird von der alten Rennschlittenbahn der DDR nicht enttäuscht werden. Diese Bahn wurde Anfang der 70er Jahre aus Betonelementen als naturvereiste Rennschlittenbahn fertiggestellt. Auf 1.100 Metern Länge verteilten sich 18 Kurven. Allerdings wurde die Bahn für Wettkämpfe nur kurz genutzt, da die Schneemengen am Fichtelberg den Betrieb erschwerten. Einige Modifikationen ermöglichten zwar noch einen Trainingsbetrieb, doch nach der Wende war auch damit Schluss, die Bahn geriet in Vergessenheit, und ihr Dornröschenschlaf nahm seinen Anfang.

Erfreulicherweise muss heute niemand mehr durch ein Dornengebüsch, um sie zu erforschen. Auf der Rückseite des Fichtelberghauses findet sich der Anfang des Neudorfer Skiwanderweges (S1). Einige hundert Meter weiter kreuzt die Alte Rodelbahn diese Route, und der Nervenkitzel kann beginnen. Hangaufwärts in der Betonhalbschale ist der ehemalige Damenstart nicht weit. Gut zu erkennen sind die Gebäudereste und die Startrampe, die Halterungen für die Lichtschranken, selbst die Metallbügel zum Schwungholen sind noch vorhanden. Talwärts finden sich Kontroll- und Versorgungsgebäude mit Naturstein- und Holzverkleidungen. Das Bahnende liegt mitten im Wald. Die Sportler mussten damals von hier aus mit ihren Schlitten zurück zum Start laufen. Ein anstrengendes Konditionstraining, das heutzutage bei der eingangs erwähnten neuen Rodelstrecke niemand mehr bewältigen muss.

Adresse Fichtelbergstraße 8, 09484 Kurort Oberwiesenthal | Anfahrt ab Chemnitz B174, ab Gronau der B180 folgen, vor Ehrenfriedersdorf auf die B95, über Annaberg-Buchholz bis Oberwiesenthal, dort Richtung Fichtelberghaus | Tipp Das Meeresaquarium in der Vierenstraße beherbergt neben tropischen Fischen und Insekten auch Krokodile.

64 Die Fichtelbergbahn

Blumenpflücken während der Fahrt nicht erlaubt

Schon von Weitem ist ein Schnaufen zu hören, ein hoher Pfiff warnt unaufmerksame Personen, es riecht nach verbrannter Kohle, Rauchschwaden hängen in der Luft. Zwischen Cranzahl und Oberwiesenthal dampft es gewaltig!

Verantwortlich dafür ist die »Sächsische Dampfeisenbahngesellschaft mbH«, kurz SDG, die Betreibergesellschaft der Fichtelbergbahn. Sie unterhält die schwarz lackierten Dampflokomotiven der Baureihe 99, die jährlich über 100.000 Fahrgäste in grünen Waggons über die Schmalspurbahn mit 750 Millimetern Spurweite ziehen. Diese Spurbreite bietet den Vorteil, dass engere Kurvenradien realisiert werden können. Aufgrund der hügeligen Streckenführung entschied man sich bei der Planung Ende des 19. Jahrhunderts für diese Form. Offizieller Baubeginn war das Jahr 1896, und bereits am 19. Juli 1897 wurde die Strecke eröffnet. Geprägt von den Veränderungen der Bedürfnisse, folgte eine wechselhafte Geschichte. Dabei war die Strecke immer mal wieder von der Stilllegung bedroht. Letztendlich kam es jedoch nie zum endgültigen Aus. Und so bleibt die Fahrt bis in die heutigen Tage hinein ein Vergnügen für Jung und Alt.

Mit ein wenig Glück im Gepäck ergattert man einen Platz in den offenen Waggons. Dann ziehen die Wälder, Wiesen und Orte nicht am Fenster vorbei, sondern direkt vor der eigenen Nase. Ein intensives Fahrerlebnis, das alle Sinne einbezieht. Während der Fahrt überwindet die Fichtelbergbahn annähernd 240 Höhenmeter. Highlight der Strecke dürfte dabei die Überfahrt über das Hüttenbach-Stahlgitter-Viadukt vor dem Oberwiesenthaler Bahnhof sein. 110 Meter lang und 23 Meter hoch, überspannt die Brücke ein Tal und ist bei Eisenbahnenthusiasten ein beliebtes Fotomotiv.

Zum Schluss noch ein Gefahrenhinweis für die Mitfahrenden in den »Cabrio-Waggons«: Obacht bei heller Kleidung! Die Loks stoßen nicht nur Dampf, sondern auch Rußpartikel aus.

Adresse Bahnhofstraße 7, 09484 Kurort Oberwiesenthal, www.fichtelbergbahn.de | Anfahrt ab Chemnitz B174, ab Gronau der B180 folgen, vor Ehrenfriedersdorf auf die B95, über Annaberg-Buchholz bis Oberwiesenthal, dort in Richtung Bahnhof | Tipp Wer von den Dampfrössern nicht genug bekommen kann, der sollte bei der Preßnitztalbahn vorbeischauen. Die schmalspurigen Loks schnaufen von Jöhstadt nach Steinbach (Fahrplan unter www.pressnitztalbahn.de).

65 Die Friedensglocke

So klingt es auf dem Dach Sachsens

Gewöhnlich muss man einen hohen Turm besteigen, um eine Glocke aus nächster Nähe bewundern zu können. Dabei sind oft steinerne Stufen oder knarrende Holzstiegen zu erklimmen, und wer es bis ganz nach oben schaffen will, muss noch dazu schwindelfrei sein. Wer aber den Aufstieg auf den 1.215 Meter hohen Fichtelberg scheut, kann die Friedensglocke auf dem höchsten Punkt des Erzgebirges (auf deutscher Seite) auch weniger schweißtreibend mit dem Bus, Auto oder Sessellift erreichen. Oder man lässt sich von der 1924 erbauten und zugleich ältesten Seilschwebebahn Deutschlands ganz bequem auf den Gipfel chauffieren, wobei man in nur 3,5 Minuten eine Höhe von 303 Metern überwindet.

Auf dem Gipfelplateau gelegen, mit herrlichem Blick auf Oberwiesenthal, ist hier – mit einem Durchmesser von 1,6 Metern – die Friedensglocke zu finden. Der Schwarzenberger Türmer Gerd Schlesinger hatte im Jahr 2009 die Idee, auf dem Fichtelberg eine Glocke als klingendes Denkmal für die Einheit Deutschlands zu errichten. Das Vorhaben konnte dank der Unterstützung vieler Firmen und Privatpersonen in die Tat umgesetzt werden, die sich aktiv oder mit Geldspenden an dem Projekt beteiligten.

Agnes, die 1.600 Kilogramm schwere Glocke mit dem Schlagton d', hängt in einem frei stehenden Glockenstuhl aus Lärchenholz. Man wählte für das Denkmal eine Glocke von 1920 aus Eisenhartguss, die in der Eifel erworben wurde, bevor sie ihren Dienst im Erzgebirge aufnahm. Zum 20. Jahrestag der deutschen Wiedervereinigung am 3. Oktober 2010 wurde sie geweiht und läutet seitdem für Frieden, Einigkeit, Gerechtigkeit und Liebe. Ihr Klang wird über den Kamm bis ins benachbarte Tschechien getragen und ertönt mithin für ein vereintes Europa. Sonn- und feiertags wird die Friedensglocke geschlagen. Zusätzliche Termine gibt es in der Advents- und Weihnachtszeit, an Silvester, Neujahr und am Dreikönigstag.

Adresse Fichtelbergstraße 8, 09484 Kurort Oberwiesenthal | Anfahrt A72, Ausfahrt Chemnitz, auf der B95 nach Annaberg-Buchholz, anschließend nach Oberwiesenthal; oder A72, Ausfahrt Stollberg-West, über Zwönitz und Scheibenberg nach Oberwiesenthal, im Ort der Beschilderung zum Fichtelberg folgen | Öffnungszeiten Geläute der Friedensglocke So und Feiertage 16 Uhr | Tipp Mit den »Monsterrollern«, überdimensionierten, stollenbereiften Tretrollern, kann die Gegend rund um den Fichtelberg sportlich erkundet werden. Verschiedene attraktive Touren werden vor Ort angeboten.

66 Die kursächsische Distanzsäule

Hoch auf dem gelben Wagen

Man begegnet ihnen im Erzgebirge vielerorts. Aufrecht trotzen sie seit Jahrhunderten Wind und Wetter, klaglos nehmen sie Wirren und Veränderungen hin. Obwohl die Beschreibung auch auf einige Erzgebirger zutrifft, sind doch die obeliskenartigen Postmeilensäulen gemeint.

Eines der schönsten Exemplare kann auf dem Marktplatz in Oberwiesenthal bewundert werden. Durch die Stadt führte einst die Passstraße nach Gottesgab. Grund genug, dass Kurfürst Friedrich August I. von Sachsen im Jahr 1730 die Säule in Auftrag gab. Sie ist 4,50 Meter hoch, das obere Drittel zieren die prunkvollen Wappen Kursachsens und Polens. Friedrich August I. war Kurfürst von Sachsen und König von Polen. Die goldenen Ranken gehen nach oben in die Königskrone und nach unten in den königlichen Namenszug »AR« (Augustus Rex) über.

Die Säule sollte Postkutschen die Orientierung erleichtern. Somit sind Entfernungsangaben von Oberwiesenthal zu den damals erreichbaren Städten auf dem »steineren Wegweiser« wenig überraschend. Obwohl Stunden (St) angegeben werden, ist doch ein Längenmaß gemeint. Denn damals galt: Zwei Stunden entsprechen einer Meile. Wer jetzt die amerikanische (1,6 Kilometer) oder die nautische Meile (1,852 Kilometer) zugrunde legt, wird sich über das langsame Vorankommen einer Postkutsche wundern und sagen: »Da bin ich ja zu Fuß schneller!« Dem könnte kaum widersprochen werden, wenn die Grundannahme stimmen würde. Doch damals hatte die Meile eine Länge von 9,063 Kilometer. Somit kam eine Postkutsche zumindest genauso schnell wie ein guter Wanderer voran.

Die Buchstaben »Gr« auf der Säule bedeuten »Grenze« und sagen aus, dass sich die folgenden Orte außerhalb Sachsens befinden. Und auch ein Posthorn fehlt nicht. Denn schon damals wussten die schlauen Sachsen, wie gutes Branding funktioniert.

Adresse Markt, 09484 Kurort Oberwiesenthal | Anfahrt ab Chemnitz B174, ab Gronau der B180 folgen, vor Ehrenfriedersdorf auf die B95, über Annaberg-Buchholz bis Oberwiesenthal, dort Richtung Zentrum/Markt halten | Tipp Die Spezialität des Café Enderlein in der Karlsbader Straße 4 ist die Fichtelbergtorte: Sie besteht aus einem Biskuitboden und einer Füllung aus Käsesahne, Heidelbeeren und Himbeeren in der Form einer Bergkuppe und wurde von Konditormeister Frieder Enderlein vor über 20 Jahren kreiert.

67__Die Weihnachtsuhr

Im Spielzeugdorf tickt die Zeit bis Heiligabend

Lange benötigt niemand, um in Seiffen die Weihnachtsuhr zu entdecken. Besucher müssen nur den Blick heben und finden sie hoch oben an einer Hausfassade inmitten des belebten Ortskerns. Die Uhr zählt die verbleibende Zeit bis zum 24. Dezember eines jeden Jahres herunter. Um genau 17 Uhr an diesem Tag zeigt sie die von Groß und Klein heiß ersehnte »0« an. Spätestens dann kehrt auch in Seiffen Ruhe ein. Die Läden werden geschlossen, der Verkehr erlahmt, nicht selten rieselt Schnee herab.

Wenig später rufen alljährlich die Glocken des Wahrzeichens von Seiffen, der Bergkirche, zur Andacht. Sie wurde im 18. Jahrhundert nach Plänen von Christian Gotthelf Reuther geplant und am 7. November 1779 geweiht. Ihr markanter oktogonförmiger Grundriss ist der Dresdener Frauenkirche nachempfunden. Vor dem Eintritt sollte der Blick zur Wetterfahne hinaufgehen: Eine bronzene Bergmannsfigur verweist auf den Zinnbergbau, der einst Seiffens Entstehung und Reichtum begründete. Letztendlich ist sogar der Ortsname selbst auf diese Zeit zurückzuführen.

Früher wurde im Erzgebirge aus fließenden Gewässern durch Herauswaschen Zinn gewonnen. Diese Tätigkeit wurde im Mittelalter »Sifen« genannt, was dann später zu »Seiffen« wurde. Da spätestens ab dem 19. Jahrhundert der Bergbau kaum noch eine wirtschaftliche Rolle spielte, konzentrierten sich die Seiffener mehr und mehr auf das Holzwarengewerbe. Ob Räuchermännchen, Weihnachtspyramiden, Krippenfiguren oder Spielzeug: Das meiste, was heutzutage vor Ort in den Läden zu finden ist, kann auf eine lange Tradition handwerklicher Holzkunst zurückschauen.

Apropos Spielzeug! Rasch einen Blick auf den Countdown der Weihnachtsuhr werfen: Zeigt sie noch nicht die »0«, dann besteht noch Gelegenheit, Geschenke für die Kinder einzukaufen. In Seiffen kann niemand die Ausrede vorbringen, von Weihnachten überrascht worden zu sein.

Adresse Hauptstraße 95, 09548 Kurort Seiffen | Anfahrt ab Chemnitz B174, über Zschopau nach Marienberg, auf der B171 bis Olbernhau, rechts auf Brandauer Straße, dem Straßenverlauf und der Beschilderung nach Seiffen folgen | Tipp Mit der »Kugeltour« lässt sich der Kurort Seiffen spielerisch entdecken. Schön gestaltete Murmelbahnen sind im ganzen Ort sowie in Deutschneudorf und Neuhausen zu finden. Die Kugeln können zu einem kleinen Preis aus Kugelspendern gezogen werden und sind auf allen Bahnen einsetzbar (www.kugeltour.de).

68_Der Teufelstein

Dem Himmel entgegen

Einst war sie *die* Herausforderung für die Athleten der Friedensfahrt. Eine kräftezehrende Steigung von bis zu 18 Prozent musste so rasch wie möglich bewältigt werden, wollte man den Gesamtsieg davontragen. Dem Sportidol »Täve« Schur gelang das sogar zweimal. Bemerkenswert war auch sein zweiter Platz im Jahr 1960, bei dem er als Preis ein polnisches Moped Typ »Mücke« gewann. Damit war vermutlich das Teilstück des Radrennens, um das es hier geht, nicht zu schaffen. Denn 18 Prozent Steigung bedeutet: Auf einem horizontalen Abschnitt von 100 Metern werden 18 Höhenmeter bewältigt. Oder anschaulicher: Man nehme ein Fußballfeld und hebe es an einer Torlinie um 18 Meter an. Bei dem Anstieg geht jedem Moped die Benzin-Puste aus.

Die Rede ist hier von dem steilen Streckenabschnitt »Teufelstein« im Westerzgebirge, den die Planer in die Friedensfahrt aufnahmen. Dieses Radrennen mit wechselnder Streckenführung war in der DDR sehr populär und wurde auch die »Tour de France des Ostens« genannt. Erstmals wurde es 1948 gestartet, wobei die Etappen Prag und Warschau verbanden. 1952 führte die Strecke die Sportler dann auch weiter bis nach Ostberlin. Passenderweise wählten die Veranstalter als Symbol für die Ausfahrt die weiße Friedenstaube von Pablo Picasso. Doch ein anderes »Markenzeichen« lief dem turtelnden Vogel rasch den Rang ab. Schon früh suchte der DDR-Funk einen markanten Einspieler für die Berichterstattung. Man entschied sich für eine Produktion des Komponisten Paul Noack-Ihlenfeld. Fortan markierte die sogenannte »Fanfare«, die rasch zu einem gesamtostdeutschen Symbol für Radrennen wurde, die Reportagen über die Friedensfahrt.

Der »Teufelstein« ist heutzutage eine öffentliche Straße. Wer sich also einmal wie »Täve« Schnur zu seinen besten Zeit fühlen möchte, kann in die Pedale treten und sich an dem schweißtreibenden Anstieg versuchen.

Adresse 08315 Lauter-Bernsbach | **Anfahrt** A72, Ausfahrt Hartenstein, Richtung Aue, auf Höhe Erzgebirgsstadion rechts auf die B169, weiter zur B101, links abbiegen, auf der B101 bis Lauter-Bernsbach, links auf die Hauptstraße, dem Straßenverlauf folgen | **Tipp** Auf dem rund 15 Kilometer langen (Abkürzungen sind möglich) »Bärenrundweg« in Lauter-Bernsbach wird die Sagenwelt des Ortes lebendig. Die abwechslungsreiche Wanderung führt zudem an Aussichtspunkten, Holzfiguren, einem Trimm-dich-Pfad sowie Spiel- und Einkehrmöglichkeiten vorbei.

69__Die Lindenallee

Kein Wald, aber viele Bäume

Vermutlich ist das Wort »Muhme«, womit Lößnitz gern auch betitelt wird, fast ebenso alt wie die Stadt selbst. Gegründet um das Jahr 1170, trägt »die betagte Tante« den Spitznamen durchaus zu Recht, denn sie gehört zu den ältesten Ansiedlungen im Erzgebirge. Zahlreiche Objekte der wechselhaften Geschichte der Stadt sind bei einem Spaziergang durch die oft stillen Gassen zu finden. Der alte Wehrturm, historische Überreste der Stadtmauer, die Johanniskirche mit ihrer berühmten Jehmlich-Orgel und eines der ältesten noch funktionsfähigen Bronzeglockenspiele Deutschlands sind einige Beispiele dafür. Schon allein deswegen wird ein Besuch in Erinnerung bleiben.

Damit aber nicht genug. Die Stadt hat noch ein weiteres außergewöhnliches Kleinod zu bieten, ein Flächennaturdenkmal der besonderen Art: Nahe dem Zentrum von Lößnitz liegt am Steinweg die Lindenallee. Auf Anweisung des Fürsten Otto Carl Friedrich von Schönburg-Hartenstein wurde diese »Baumstraße« um das Jahr 1792 angelegt. Sie diente als repräsentative Zufahrtsstraße von Hartenstein nach Lößnitz, zu seinem damaligen Verwaltungs- und Regierungssitz. Gerade zur Zeit der Lindenblüte dürfte die Kutschfahrt entlang der Allee für den Fürsten ein besonderes optisches und olfaktorisches Erlebnis gewesen sein. Erfreulicherweise können Besucher das heute immer noch nachempfinden. Denn seit 1958 stehen die Bäume unter Naturschutz und dürfen – hochoffiziell geschützt vor Kettensägen – stetig weiterwachsen. Die mächtigste Linde bringt es mittlerweile auf einen Stammumfang von über 4 Meter, die größte schiebt ihre Baumkrone in eine Höhe von 27 Metern.

Die Allee ist rund 600 Meter lang und zieht sich einen Hang hinauf. Aber selbst für ungeübte Spaziergänger ist der Anstieg leicht zu bewältigen. Somit können Alt und Jung, begleitet von unzähligen Bienen, von Lindenblüte zu Lindenblüte schwirren.

Adresse Steinweg 40, 08294 Lößnitz | Anfahrt A72, Ausfahrt Hartenstein, links auf S225, dann links auf Obere Hartensteiner Straße und dem Straßenverlauf bis Steinweg folgen | Tipp Etwas unterhalb der Allee, auf der Steinstraße in Richtung Ortszentrum, befindet sich das Schnitzerheim. Im Glockentürmchen schlägt zu jeder vollen Stunde ein Bergmann eine Bronzeglocke an.

70 Königsmühle

Der vergessene Ort

Keine asphaltierte Straße führt nach Königsmühle. Aus Háj (Stolzenhain) gelangt man streckenweise durch eine lang gestreckte Senke dorthin, einen 1,5 Kilometer langen Weg, der bis zu 3 Meter tief ausgefahren ist. Jahrhundertelang verlief hier die Handelsroute von Böhmen nach Sachsen. Im Ort angekommen, sucht man vergebens nach Einwohnern, denn die wurden kurz nach dem Zweiten Weltkrieg vertrieben. Damit teilten sie das Schicksal Millionen anderer Deutscher, die im böhmischen Erzgebirge lebten. Nachdem die Vertreibung im Herbst 1946 abgeschlossen war, nutzten die Menschen aus den benachbarten Gemeinden das leicht zugängliche Holz aus Königsmühle als Baumaterial. So wurden die Häuser mit der Zeit geschliffen, zurück blieben wenige Ruinen. Der Dorfanger versumpfte, die Wiesen und Felder rund um den Ort wurden nicht mehr gepflegt, die Natur eroberte sich das Tal zurück. So fiel Königsmühle in einen jahrzehntelangen Dornröschenschlaf.

Vermutlich wären die Überreste mit der Zeit ganz in Vergessenheit geraten, wäre nicht – entsprechend dem bekannten Märchen der Brüder Grimm – im Jahr 2012 ein »Prinz« erschienen, um das Dorf wachzuküssen. In diesem Fall war es allerdings kein Sohn von königlichem Geblüt, sondern es waren Künstler, die im Rahmen des »Land-Art-Treffens« tätig wurden. Sie installierten zwischen den Ruinen und in der wilden Vegetation spannende Kunstwerke.

Wer in heutiger Zeit Königsmühle besucht, wird viele hölzerne Skulpturen finden, übergroßes Mobiliar bestaunen, vielleicht unter einer wäschebehangenen Leine eine Rast einlegen.

Darüber hinaus organisieren die rund 50 »Einwohner« der »Gemeinde«, die sich dem Erhalt des Ortes verschrieben haben, jährlich ein mehrtägiges Folkmusik-Festival.

Sie ist deutlich zu spüren, die neue Atmosphäre, die frische Aura im Dorf. Es scheint, als wäre der Geist des Ortes wiederbelebt worden.

Adresse 43191 Loučná pod Klínovcem (Böhmisch Wiesenthal), Tschechien | Anfahrt ab Chemnitz B174, ab Gronau der B180 folgen, vor Ehrenfriedersdorf auf die B95, über Annaberg-Buchholz bis Oberwiesenthal, Grenzübergang Gottesgab, bis zum Kreisverkehr, dann Routen 219 und 223 nehmen, in Richtung Stolzenhain abbiegen, Parkmöglichkeiten in Stolzenhain, 10 Minuten Gehzeit | Tipp Im rund neun Kilometer entfernten Ort Kovářská informiert ein Museum in der Straße Alberta E. Trommera über die Luftschlacht im Erzgebirge während des Zweiten Weltkriegs. Die Sammlung besteht aus historischen Bodenfunden, Trümmerteilen, zahlreichen Fotos und Modellen.

71 Das Tastmodell

New York des Erzgebirges

»Quadratisch. Praktisch. Gut.« So titelte einst ein »ritterlicher« Schokoladenhersteller. Selbstverständlich bezog dieser den Slogan auf sein Produkt. Jedoch passt er auch ausgezeichnet auf Marienberg.

Die Gründung der Stadt erfolgte 1521 auf Veranlassung von Herzog Heinrich dem Frommen. Er beauftragte dafür Ulrich Rülein von Calw, der entweder außergewöhnlich praktisch veranlagt war oder einfach nur arbeitsscheu. Es könnte jedoch auch sein, dass er neben seinen anderen Tätigkeiten als Humanist, Arzt, Mathematiker und Montanwissenschaftler einfach nur zu wenig Zeit hatte. Wie auch immer: Er entschied sich, die Stadt wie ein Schachbrett rasterförmig aufzubauen. Und damit gleicht dieses Konzept dem Schema von New York.

Bis heute hat sich dieser Grundriss erhalten und ist vor Ort gut zu erkennen. Von dem einen Hektar großen quadratischen Marktplatz aus gehen alle Straßen rechtwinklig ab beziehungsweise verlaufen parallel. Um sich einen noch besseren Überblick zu verschaffen, könnte man nun einen Überflug mit einer Drohne oder einem Hubschrauber planen.

Logistisch einfacher ist es jedoch, das Tastmodell der Stadt auf dem Marktplatz vor dem Rathaus zu besuchen.

Dieses Modell wurde 2016 anlässlich des 495. Geburtstages der Stadt eingeweiht. Es ist ein Werk des aus Soest stammenden Künstlers Egbert Broerken, der dafür das sogenannte Wachsausschmelzverfahren nutzte. Dabei entstehen präzise Gussteile, die meist ohne Nachbearbeitung eingesetzt werden können. Millimetergenau ist das Marienberger Tastmodell mit dem Maßstab 1:650 tatsächlich. Gleiten die Finger über die winzigen Gebäude, fühlt man sich wie Gulliver in Liliput. Und da das Modell auf Hüfthöhe angebracht ist, können auch Kinder und Rollstuhlfahrende die historische Altstadt innerhalb der ehemaligen Stadtmauer ertasten und sich dabei fühlen wie der Held aus der besagten Geschichte.

Adresse Markt 1, 09496 Marienberg | Anfahrt ab Chemnitz auf der B174 nach Marienberg, Parkplatz Stadthalle, 5 Gehminuten bis zum Marktplatz | Tipp Im Marienberger Ortsteil Ansprung bietet das Café Graupner neben Brot- und Backwaren, Kaffee- und Eisspezialitäten ein besonderes Highlight: ein Schweinemuseum, eine private Sammlung von über 3.000 Glücksschweinchen (Hauptstraße 1a).

72 Kühnhaide

Kälter als ein Gefrierschrank

Kalt, kälter, Kühnhaide! Nur ein kleiner Ort im Erzgebirge, aber in Sachen Kälterekorde kaum zu übertreffen. Während die meisten Menschen schon bibbern, sobald das Thermometer knapp unter null fällt, sind die Einwohner von »Sächsisch Sibirien« ganz andere Temperaturen gewohnt. Der Ortsteil von Marienberg, direkt an der tschechischen Grenze gelegen, gilt als kältester bewohnter Ort Deutschlands. Eisiges Winterwetter mit zweistelligen Minusgraden ist hier keine Seltenheit.

Obwohl nur 700 bis 750 Meter über dem Meeresspiegel gelegen, hat Väterchen Frost Kühnhaide fest im Griff: Nahezu jeden Winter kriecht das Thermometer in Richtung minus 30 Grad, und selbst in den Sommermonaten sind Minusgrade zu verzeichnen. Den Kälterekord von minus 34,4 Grad ermittelte ein ortsansässiger Hobby-Meteorologe im Winter 2012. Der bekannte Wetterfrosch Jörg Kachelmann machte sich damals mit Reportern von »Spiegel TV« auf den Weg, um von dieser Eiseskälte zu berichten. Im selben Jahr ließ er eine eigene Wetterstation aufbauen. Im Zehn-Minuten-Takt liefert sie ihre Messwerte, die unter www.kachelmannwetter.com eingesehen werden können. Die Daten der privaten Station gibt es unter www.wetter-kühnhaide.de.

Doch warum ist es dort eigentlich so kalt? Grund dafür ist die besondere Lage von Kühnhaide. Umgeben von Wäldern und Bergen, befindet sich die Ortschaft in einem Hochtal, das sich nach unten hin verengt und dabei wie eine Badewanne wirkt. Vor allem in klaren, windstillen Nächten sammelt sich in dieser »Wanne« kalte, schwere Luft. Die leichtere, warme Luft legt sich darüber und verhindert einen vertikalen Luftaustausch. Es entsteht ein sogenannter Kaltluftsee, der für die klirrende Kälte verantwortlich ist. Aber nicht nur für Winterfans ist Kühnhaide ein lohnendes Ziel. Die Streusiedlung ist zu jeder Jahreszeit ein idealer Ausgangspunkt, um das romantische Schwarzwassertal zu erkunden.

Adresse 09496 Marienberg-Kühnhaide | Anfahrt ab Chemnitz auf der B174 bis Reitzenhain, links auf die Hübner-Straße, dem Straßenverlauf bis Kühnhaide folgen | Tipp Die Familie Timmel/Seerig in Kühnhaide zählt zu den ältesten »Mannelmacher-Familien« des Erzgebirges. Die unverwechselbaren Timmel-Manneln sowie Pyramiden, Kerzenhalter, Laternen und Wandbilder werden in aufwendiger Handarbeit hergestellt und können im Werkstattverkauf »De Hutzenstub« in der Kühnhaider Hauptstraße 15b erstanden werden.

73__Der Pferdegöpel

Als Pferdestärken noch starke Pferde waren

Pferde waren jahrhundertelang für den Menschen als kraftvolle Arbeitstiere unerlässlich. Zu einer Zeit, als Grubenpferde im Bergbau ihre Dienste verrichteten, legte James Watt im 18. Jahrhundert mit der Weiterentwicklung der Dampfmaschine einen wichtigen Grundstein für die industrielle Revolution. Um die Bergwerksbesitzer von der Leistung der Maschinen zu überzeugen, ersann der schottische Ingenieur eine anschauliche Vergleichsgröße. Er machte sich die Stärke eines Grubenpferdes zunutze und definierte die Pferdestärke: 1 PS entspricht der Leistung eines Arbeitspferdes, das innerhalb von einer Sekunde ein Gewicht von 75 Kilogramm einen Meter ziehen kann. Andere Quellen besagen, dass James Watt die Maßeinheit anhand eines Pferdegöpels ermittelt habe. Göpel kamen vor allem im historischen Bergbau als Förderanlagen zum Einsatz. Sie wurden von Pferden im Rundlauf angetrieben, durch die Kraftübertragung setzte sich eine Seilwinde in Gang. So war es möglich, Erze aus größeren Tiefen an die Oberfläche zu befördern.

Auf dem Rudolphschacht im Marienberger Ortsteil Lauta wurde von 1838 bis 1877 ein Pferdegöpel betrieben, bevor auch hier eine Dampfmaschine die vierbeinigen Kumpel ersetzte. Der pyramidenförmige Göpelstuhl und das über der Schachtöffnung stehende Treibehaus wurden originalgetreu rekonstruiert und lassen heute ein Stück Bergbaugeschichte wieder aufleben.

Wie die Arbeit der Bergleute damals aussah, können Besucher bei einer Führung nachempfinden. Besonders eindrucksvoll ist dabei natürlich die Schauvorführung mit Pferden. Mutige Zeitgenossen, die in den Stollen einfahren möchten, sollten festes Schuhwerk nicht vergessen, denn über Leitern (Fahrten) gelangt man 20 Meter in die Tiefe. Über Tage beherbergt das Besucherbergwerk zudem eine Bergschmiede, eine Ausstellung zum Bergbau und ein mechanisches Bergwerksmodell. Nicht nur für Pferdefans lohnenswert.

Adresse Lautaer Hauptstraße 12, 09496 Marienberg-Lauta | Anfahrt ab Chemnitz B174 Richtung Marienberg, vor Marienberg rechts auf K8131/Lautaer Hauptstraße, bis zum Pferdegöpel und rechts auf den Parkplatz | Öffnungszeiten Di–So, Feiertage 10.30–16.30 Uhr, 24. und 31. Dez. geschlossen, 1. Jan. 13–16.30 Uhr; Führungen: Di–Fr 13, 14.30 Uhr, zusätzlich 11 Uhr (sächsische Schulferien), Sa, So, Feiertage 11, 13 und 14.30 Uhr (mit Pferden) | Tipp Rund um die Uhr ist der kleine Schaukasten »Freie Republik Hinterer Grund« in Pobershau mit jahreszeitlich passenden Szenen zugänglich.

74 Die Hütte

Skulpturen wider das Vergessen

Zwar wirkt das 1997 erbaute Haus im Ortszentrum von außen betrachtet ein wenig unscheinbar, doch mit einer Hütte hat es wenig zu tun. Rein von der Begrifflichkeit her wird in Pobershau also tiefgestapelt. Trotzdem bleibt die Frage zu klären, was sich in der »Hütte« befindet? Eine Feuerwehrwache? Ein Kindergarten? Ein Schild am Eingang klärt auf: Es ist ein Museum, in dem ein Lebenswerk gewürdigt wird. Sobald die Eingangstür hinter einem ins Schloss fällt, öffnet sich vor einem die Welt des Holzschnitzers Gottfried Reichel. Ein Künstler, der vom Saulus zum Paulus wurde, lange Zeit unbeachtet und erst spät geehrt.

Die Körper seiner Figuren sind eher schlicht gehalten. Doch in allen zeigt sich eine besondere menschliche Nähe. Das liegt an den detaillierten, vom Leben gezeichneten Gesichtern, in denen sich so viel widerspiegelt: Leid, Liebe, Mühsal, Zweifel, Angst und Trauer, eine Melange, die niemanden unbeeindruckt zurücklässt. In seinen Kunstwerken verarbeitete Gottfried Reichel sein eigenes Trauma und die Schuldgefühle der Kriegsgeneration.

1925 in Pobershau geboren, wurde er als junger Mann Soldat. Von der Ideologie des Nationalsozialismus fest überzeugt, kämpfte er bis zum Ende des Zweiten Weltkriegs und wurde am 8. Mai 1945 gefangen genommen. In seiner Gefangenschaft in England erfuhr er von den Gräueltaten der Nazis. Geläutert kehrte er 1948 als engagierter Christ und überzeugter Demokrat zurück in die Heimat. Doch niemand wollte von seiner neuen Überzeugung hören, was ihn deprimierte.

Das Schnitzen half ihm, sich trotzdem auszudrücken. Und so entstanden nach und nach eindrucksvolle Werke wie zum Beispiel die »Biblische Geschichte in Holz«, »Auschwitz – Die Rampe« oder »Das Warschauer Ghetto«. Insgesamt schuf Gottfried Reichel bis zu seinem Tod im Jahr 2015 über 300 Figuren, von denen viele in der »Hütte« ausgestellt sind.

Adresse Galerie »Die Hütte«, Ratsseite-Rathausstraße 10, 09496 Marienberg-Pobershau | Anfahrt ab Chemnitz B174 Richtung Zschopau, hinter Marienberg links auf Carlstraße, dem Straßenverlauf bis Pobershau folgen, Galerie im Ort ausgeschildert | Öffnungszeiten Di–So, Feiertage 13–17 Uhr, 24.12. und 31.12. geschlossen | Tipp Die Pyramide in der Ortsmitte, die ganzjährig den Dorfplatz ziert, veranschaulicht einen im historischen Bergbau eingesetzten Pferdegöpel. Sie kann mit 50 Cent in Gang gesetzt werden: Die Tür im steinernen Sockel öffnet sich, und ein Berggeist tritt in Erscheinung.

75 Der Basaltfächer

Steinerner Palmwedel

Die 890 Meter verfehlt der Hirtsteingipfel um 20 Zentimeter. Trotzdem reicht der Blick auf der baumlosen Kuppe bis weit ins Erzgebirge hinein. Das allein ist bereits einen Besuch des ehemaligen Vulkans wert. Doch der Hirtstein hat darüber hinaus noch etwas ganz Besonderes zu bieten: den Basaltfächer.

Kaum vom Gipfelparkplatz losspaziert, steht man schon am Fuß dieser geologischen Sensation. Vor 25 Millionen Jahren kühlte hier unter der Erde Lava ab. Dabei entstanden Spannungsrisse, die die Masse säulenförmig spalteten. Steinbrucharbeiten legten diese Formation Jahrmillionen später frei. Und obwohl der Naturschutz oft zugunsten einer rücksichtslosen Rohstoffausbeute das Nachsehen hat, gibt es in der Wirtschaftsgeschichte doch hin und wieder löbliche Ausnahmen. Bereits gegen Ende des 19. Jahrhunderts wurde beschlossen, den Gesteinsabbau auf dem Berg fortzusetzen, den Basaltfächer dabei allerdings weitestgehend zu erhalten.

Auch wenn vulkanische Aktivitäten als Ursache für die Entstehung des Hirtsteins gelten, so gibt es auch einen unterhaltsameren Erklärungsansatz. Eine Sage berichtet davon, dass einst ein einsamer Hirte hier oben wohnte. Dem erschien eines Tages eine weise Frau, die ihm einen Knaben übergab, den er großziehen sollte. Unter einer Bedingung: Der Junge dürfe niemals mit anderen Menschen in Kontakt treten. Der Hirte nahm die Herausforderung an, und viele Jahre ging alles gut. Aber als der Knabe in die Pubertät kam, schlich er sich ins nächste Dorf und verliebte sich prompt in ein Mädchen. Wieder zurückgekehrt, beichtete er sein Vergehen. Doch bevor der Hirte einschreiten konnte, tauchte die weise Frau Zeter und Mordio schreiend auf. Sie verfluchte die beiden, Blitz und Donner kamen über die Unglücklichen, und beide erstarrten zu einem seltsamen Gebilde aus Stein, das fortan »Hirtstein« genannt wurde.

Seltsam, aber so steht es geschrieben.

Adresse Am Hirtstein 3, 09496 Marienberg-Satzung | **Anfahrt** ab Chemnitz über B174 bis Reitzenhain, rechts in Ernst-Thälmann-Straße, dem Verlauf der S218 bis zum Abzweig nach Satzung folgen, links halten und weiter bis zum Hirtensteinweg | **Tipp** Das Moorgebiet Stengelhaide liegt am Ortsrand von Kühnhaide. Entlang des rund zwei Kilometer langen Moorlehrpfades können Besucher die Fauna und Flora der Moorlandschaft erkunden.

76__Die Bücher des Lebens

Serpentin ist kein Medikament

Die kleine Stadt Zöblitz besitzt eine große Tradition: die Serpentinsteinbearbeitung. Seit über 500 Jahren wird aus dem dort abgebauten Werkstoff wunderschöne Kunst erschaffen. Zahlreiche Prachtbauten beherbergen Schöpfungen aus Serpentin. Sogar die Semperoper in Dresden ist mit Balustraden aus dem Gestein verziert, und auch in einigen Gefäßen aus der Museumssammlung des Grünen Gewölbes ist es verarbeitet.

Aber niemand muss an die Elbe reisen, um Kunstwerke aus Serpentinstein bewundern zu können. Zöblitz selbst bietet ausreichend Anschauungsmaterial. Der erste Weg führt dabei in die Stadtkirche. In luftiger Höhe findet sich dort eine Gottfried-Silbermann-Orgel mit einer reizvollen Balustrade aus Serpentin. Senkt man den Blick, entdeckt man einen kelchartigen Taufstein vor dem Altar. Dieser wurde im frühen 17. Jahrhundert aus einem einzigen, rund 30 Zentner schweren Gesteinsblock hergestellt. Mehr dazu erfährt man im Serpentinsteinmuseum am Marktplatz.

Mitunter wird Serpentin aufgrund der optischen Ähnlichkeit auch als »Sächsischer Marmor« bezeichnet, obwohl die Materialeigenschaften nicht identisch sind. Dabei ist es nicht verwunderlich, dass Serpentin ein beliebtes Material bei Kunstschaffenden ist. Das Gestein lässt sich leicht mit Metallwerkzeugen bearbeiten und ist trotzdem gegen Wind und Wetter beständig.

Auch die ehemalige Weltklasse-Turnerin und spätere Künstlerin Erika Zuchold liebte die Arbeit mit diesem Rohstoff. Neben vielen anderen Kreationen schuf sie im Jahr 2006 die Skulptur »Bücher des Lebens«, einen steinernen Bücherturm von 1,78 Meter Höhe, der sich schräg gegenüber dem Kirchturm befindet. Ob diese Bücher allerdings die Namen aller Gott wohlgefälligen Menschen enthalten, so wie es der Vorstellung im Judentum und Christentum entspricht, dürfte schwer zu ergründen sein. Denn ein Blick *in* die Bücher bleibt ohne Stemmmeißel verwehrt.

Adresse Am Marktplatz, 09496 Marienberg-Zöblitz | Anfahrt ab Chemnitz über die B174 zur B101, auf dieser bis Pockau-Lengefeld, rechts auf Flöhatalstraße abbiegen, dem Straßenverlauf bis Zöblitz folgen | Tipp Unweit der Stadt Zöblitz, am Fuße der Burgruine Niederlautenstein, befindet sich ein Stollen aus dem 16./17. Jahrhundert. Der im Volksmund »Fledermausloch« genannte »Tiefe Victoria Stolln« kann auf eigene Faust erkundet werden. Ein Lichtschalter ist rechts am Eingang angebracht.

77 Das Schloss Weesenstein

Upside down

Ein Anblick wie im Märchen: Auf einem Felsvorsprung thront das malerische Schloss Weesenstein über dem Müglitztal am Fuße des Osterzgebirges. Erstmals 1318 als Besitz der Burggrafen von Dohna urkundlich erwähnt, ist es heute Eigentum des Freistaates Sachsen. Wenn diese alten Gemäuer reden könnten, was würden sie uns wohl erzählen? Die spannende Vergangenheit der einstigen Burg bietet genug Stoff, um damit ganze Bücher zu füllen.

Ein Kapitel handelt von dem sächsischen Prinzen Johann (1801–1873), der nach dem Tod seines ältesten Bruders 1854 König von Sachsen wurde. Bekannt als Bewunderer von Dante Alighieris »Göttlicher Komödie«, arbeitete er in seiner »heimlichen Residenz« Weesenstein an der Übersetzung dieses Epos, das er unter dem Pseudonym Philalethes veröffentlichte. Blättert man weiter in den Annalen, stößt man auf Kunstschätze, unter anderem Werke von Rembrandt und Caspar David Friedrich, die während des Zweiten Weltkriegs hinter den massiven Schlossmauern versteckt gehalten wurden. Bombensicher!

Im Abschnitt über die Architektur des Schlosses erfährt man, dass das Haus quasi verkehrt herum gebaut wurde. Wie bitte? Richtig gelesen: Vom mittelalterlichen Bergfried, dem ältesten Teil des Bauwerks, wurde Schloss Weesenstein über Jahrhunderte schrittweise ausgebaut und wuchs somit über acht Stockwerke von oben nach unten. Zweifellos verblüfft das prachtvolle Anwesen damit seine Besucher als bauliches Kuriosum. Von den herrschaftlichen Wohnräumen des 18. und 19. Jahrhunderts führt der Weg in die Kellergewölbe nicht nach unten, hier muss man tatsächlich nach oben steigen! Darüber, in der fünften Etage, sind die Pferdeställe untergebracht, und der Festsaal befindet sich auf dem Dachboden. Die Stockwerke scheinen auf den Kopf gestellt worden zu sein. Dieses »verdrehte« Schloss macht neugierig und zieht mit Sicherheit jeden in seinen Bann.

Adresse Am Schloßberg 1, 01809 Müglitztal-Weesenstein, www.schloss-weesenstein.de | **Anfahrt** A17, Ausfahrt Pirna, links auf Am Kuxberg Richtung Glashütte/Pirna abbiegen, wieder links auf Altenberger Straße und weiter bis zum Parkplatz | **Öffnungszeiten** April–Okt. täglich 10–18 Uhr, Nov.–März Di–So 10–16 Uhr, 24.12., 25.12. und 31.12. geschlossen | **Tipp** Rund acht Kilometer entfernt, in der Dresdner Straße 103a in Heidenau, steht Sachsens letzte Minol-Tankstelle. Ein Stück DDR-Nostalgie.

78 Das Nussknackermuseum

Mit Biss ins Guinnessbuch der Rekorde

Ob Bergmannsfiguren, Weihnachtsengel, Schwibbögen, Rääfenviecher, Räuchermänner oder Flügelpyramiden, eine Figur läuft allen den Rang ab: der Königsnussknacker. Bunt angepinselt, verziert mit Stoff, Fell oder Leder, ist er ein beliebtes Sammlerobjekt geworden. Als Erfinder dieser Figur gilt der aus Seiffen stammende Kunsthandwerker Friedrich Wilhelm Füchtner.

Um das Jahr 1870 drechselte er den ersten Königsnussknacker, der im Mund dank Hebelkraft die Schale einer Nuss aufbricht. Diese neue Kreation erfreute sich rasch einer derartigen Beliebtheit, dass der »König« seinen Siegeszug durch unzählige Stuben auf der ganzen Welt antrat.

Inzwischen wird er von vielen anderen Figuren flankiert. Ob Soldaten, Jäger oder Räuber, eines eint sie alle: Sie wollen nicht des Pudels Kern offenbaren, sondern den einer Nuss. Und im Nussknackermuseum in Neuhausen können viele von ihnen bestaunt werden.

Generationen von Figuren sind hier zusammengetragen worden, rund 6.500 an der Zahl. Gemäß Guinnessbuch der Rekorde ist dies die größte Nussknackersammlung der Welt. Dabei wird nicht nur Kunsthandwerk aus dem Erzgebirge ausgestellt, sondern Exponate aus aller Welt. Superlative gibt es ebenfalls zu entdecken: So misst der kleinste Nussknacker des Museums gerade einmal 4,9 Millimeter. Dabei ist der Knirps voll funktionsfähig! Allerdings dürfte es schwierig werden, eine passende Nuss für ihn zu finden. Das trifft wohl auch für den riesigen Kerl im Innenhof zu, genannt Ritter Borso von Riesenburg. Mit seiner Größe von 10,10 Metern überragt er alle anderen.

Wer jetzt nicht unbedingt auf Nussknacker steht, der sollte nicht verzagen. Ein Besuch lohnt sich trotzdem, denn neben der Nussknackersammlung sind auf dem Gelände noch das technische Museum »Alte Stuhlfabrik« und eine Motorradausstellung untergebracht. Und eine alte, restaurierte Dampfmaschine wird auch hin und wieder angeheizt.

Adresse Bahnhofstraße 20–24, 09544 Neuhausen, www.nussknackermuseum-neuhausen.de | Anfahrt ab Freiberg B101 über Brand-Erbisdorf und Großhartmannsdorf, links auf Olbernhauer Straße, weiter und wieder links auf S207 abbiegen, über Sayda bis Neuhausen, dort der Beschilderung zum Museum folgen | Öffnungszeiten Mo–Fr 10–17 Uhr, Sa, So, Feiertage 10–16 Uhr | Tipp In der Nähe des Nussknackermuseums ist die Purscheinsteiner Vogelhochzeit ein echter Hingucker. Die farbenfrohe Figurengruppe steht im Zentrum des Ortes und wurde aus einem circa 200 Jahre alten Fichtenstamm aus dem Rabenauer Grund gefertigt.

79__Das Flugzeugmuseum

Klein, aber fein

Nicht immer kommt es auf die Quantität an. Denn wem hilft es, von einem Angebot erschlagen zu werden, wenn man dabei den Blick für die interessanten Details verliert? Sobald diese Frage mit einem »Niemand« beantwortet wurde, steht einem Besuch im Flugzeugmuseum Cämmerswalde nichts mehr im Weg.

Bereits vom Parkplatz aus sind die drei markantesten Ausstellungsstücke sichtbar: eine in den VEB Flugzeugwerken Dresden-Klotzsche gebaute Passagiermaschine IL-14P, ein Hubschrauber vom Typ Mil Mi-2 und das Kampfflugzeug Mikojan-Gurewitsch MiG-21. In der am Ausstellungsgelände angrenzenden Gaststätte »Am Flugzeug« werden gegen eine geringe Gebühr die Eintrittskarten erworben, und dann kann es auch schon losgehen. Die MiG-21 und der Hubschrauber sind interessant, doch selbstverständlich dominiert allein von der Größe her die Passagiermaschine die Ausstellung.

2017 renoviert, leuchtet die IL-14P in den Farben der damaligen DDR-Fluggesellschaft Interflug. Erstmals hob die Maschine am 15. August 1957 ab. Sie trägt die Kennung DM-SAB und war rund 13 Jahre im Einsatz. An den mächtigen Motoren in den Tragflächen sind vierblättrige Propeller angeflanscht, die Verglasung ist intakt, es wirkt alles so, als könnte sie sofort abheben. Bereits die Außenansicht ist eindrucksvoll, aber all das verblasst, sobald die Maschine bestiegen wird, denn die Inneneinrichtung ist komplett erhalten! Im hinteren Teil der Maschine informieren Tafeln und Zeitungsausschnitte über die Geschichte des Flugzeugs. In der Passagierkabine können die Museumsgäste Platz nehmen und sich in eine Zeit zurückversetzt fühlen, als das Rauchen an Bord noch erlaubt war.

Abschließend führt die Besichtigungstour dann noch ins Cockpit. Und spätestens beim Anblick der unzähligen Hebel, Schalter und Instrumente wird jedem klar, dass Fliegen komplizierter ist, als ein Auto zu fahren.

Adresse Hauptstraße 104, 09544 Neuhausen-Cämmerswalde | Anfahrt A17, Ausfahrt Dresden-Südvorstadt, B170 Richtung Dippoldiswalde, rechts auf B171, in Rechenberg-Bienenmühle links auf Alte Straße, dann rechts in Klötzerweg, weiter bis Cämmerswalde, dort der Beschilderung folgen | Öffnungszeiten Mi–So 9–18 Uhr | Tipp An der Ecke Hauptstraße/Rauschenbach zeigt eine Schautafel eine Abbildung des bekannten Fürstenzuges in Dresden. Sie erinnert damit an den Maler Wilhelm Walther, der über 20 Jahre an dem Kunstwerk arbeitete und in Cämmerswalde geboren wurde.

80__Der Äquator

Von wegen gesponnenes Seemannsgarn

Quer über die Badstraße in Oelsnitz verläuft der Äquator. Keine Frage: Das Erzgebirge ist immer für eine Überraschung gut. Allerdings wurde dieser »Breitengrad Null« weder von Ferdinand Magellan noch von Captain Cook gekreuzt, und auch kein anderes Schiff hat ihn jemals überquert.

Trotzdem hat in Oelsnitz alles seine Richtigkeit.

Das Wort Äquator entstammt dem Lateinischen und bedeutet so viel wie »Gleichmacher«. Bei einem Planeten ist der Äquator die gedachte Linie um den Himmelskörper herum, der die Nord- und die Südhalbkugel in zwei gleich große Hälften teilt. Der Nord- und der Südpol sind dabei immer gleich weit entfernt.

Daraus resultiert, dass die Länge des Äquators zugleich dem Umfang eines Himmelskörpers entspricht. Bei der Erde beträgt er 40.075,017 Kilometer. Damit ist er der längste Breitengrad und wird mit null Grad angegeben.

Ecuador und Äquatorial-Guinea schmücken sich namentlich mit dem Äquator. Ein Blick in den Schulatlas verrät jedoch, dass diese Länder weit entfernt und deutlich südlicher von Sachsen liegen. Darüber hinaus ist das Erzgebirge, mithin Oelsnitz, auf der Nordhalbkugel zu verorten. Also handelt es sich bei dem Äquator in der Badstraße doch um eine Bauernfängerei? Mitnichten! Denn es gibt eine physikalische Dimension, die hierbei die entscheidende Rolle spielt: die Zeit. Dreht man die Uhr zurück, verändert sich mit den Jahrmillionen die Lage der Kontinente. Irgendwann muss Oelsnitz dabei genau auf der Äquatorlinie gelegen haben, da sich Steinkohlelagerstätten wie das Lugau-Oelsnitzer-Steinkohlerevier nur am Äquator bilden können. Damit ist der Nachweis erbracht, dass die Linie quer über die Badstraße zurecht ausgewiesen ist.

Was nun allerdings noch nicht gesichtet wurde, ist ein echter Oelsnitzer Linie-Aquavit. Hoffentlich vergehen nicht erneut Millionen von Jahren, bis eine Verköstigung möglich sein wird.

Adresse Badstraße, 09376 Oelsnitz/Erzgebirge | **Anfahrt** A72, Ausfahrt Stollberg-West, Richtung Oelsnitz, links auf Dr.-Otto-Nuschke-Straße, dem Straßenverlauf folgen, links auf Concordiastraße, bei der Gabelung erneut links, dann wieder links auf Badstraße | **Tipp** Das Gradierwerk im Bürger- und Familienpark auf dem Gelände der ehemaligen Landesgartenschau ist ein idealer Ort für eine Pause. Während man dem Plätschern des Wassers lauscht, lässt sich hier salzhaltige Luft fernab vom Meer einatmen.

81__Street-Art

Gesichter der Kohle in der Concordia-Siedlung

Man achte auf den Zusatz »Erzgebirge«, wenn man einen Besuch in der Stadt Oelsnitz am Hegebach plant, um nicht etwa im 60 Kilometer entfernten vogtländischen Oelsnitz zu landen. Markant ragt der 50 Meter hohe Förderturm des Karl-Liebknecht-Schachts in den Himmel und erinnert an die Ära des Steinkohlenbergbaus in Sachsen.

Es war der Kohlefund von 1844 des Zwickauer Bergfaktors Karl Gottlob Wolf, durch den der Bergbau in der Region Lugau/Oelsnitz seinen Anfang nahm. Beachtliche 142 Millionen Tonnen des »schwarzen Goldes« hatten Bergleute im gesamten Revier zutage gefördert, als 1971 der letzte Hunt den Schacht verließ. Das stillgelegte Bergwerk ist heute ein Museum und zählt zu den größten seiner Art in Deutschland. Hier wird eindrucksvoll die Geschichte des Steinkohlenbergbaus vermittelt, und es ist zudem ein idealer Ausgangspunkt, um das ehemalige Steinkohlenrevier zu erkunden.

Lohnend ist ein Abstecher in die am Stadtrand gelegene Concordia-Siedlung, eine ehemalige Schachtanlage, in der in den 1930er Jahren Wohnraum für Bergleute entstand. Im Rahmen des Mehrgenerationenprojekts »Die ehemalige Bergarbeitersiedlung ›De Cord‹ im Wandel« haben regionale Künstler ein beeindruckendes Kunstwerk geschaffen.

Das Fassadenbild an einem Wohnblock in der Concordiastraße ist ein echter Hingucker. Innerhalb von vier Wochen wurde das Street-Art-Projekt umgesetzt. Die mittlere Szene versetzt den Betrachter in die Zeit des Bergbaus zurück, in der Fördertürme das Landschaftsbild prägten. Links ist eine Adaption des Kunstwerks »Untersuchung auf schlagende Wetter« des Bergmanns und Malers Willibald Mayerl (1896–1977) zu sehen. Rechts prangt das lächelnde Gesicht des Kumpels Wenzel Seemann vom Oelsnitzer Deutschlandschacht. Das Projekt war eine Idee aus Oelsnitz, die in die Bewerbung der Stadt Chemnitz zur Kulturhauptstadt Europas 2025 einfloss.

Adresse Concordiastraße 28, 09376 Oelsnitz/Erzgebirge | Anfahrt A72, Ausfahrt Stollberg-West, Richtung Oelsnitz, links auf Dr.-Otto-Nuschke-Straße, dem Straßenverlauf folgen und links auf Concordiastraße | Tipp An der Ecke Robert-Schumann-/Franz-Schubert-Straße steht eine »Bergmannskuh«. Dabei handelt es sich um die Skulptur einer Ziege. Sie symbolisiert die Armut der Bergleute, die sich früher keine echte Kuh leisten konnten.

82__Das Wunderhorn

Der heiße Stuhl

Die Brüder Grimm schrieben einst das Märchen vom Schneider, der loszog, um sich in der Welt umzuschauen. Kaum aus der Werkstatt getreten, erblickte er in der Ferne einen steilen Berg und darauf einen himmelhohen Turm. »Potz Blitz! Was ist das denn?«, rief da der Schneider, und neugierig schritt er aus, um das Geheimnis zu erkunden …

Ob der Schneider in Oelsnitz seinem Handwerk nachging, ist nicht bekannt. Allerdings gibt die Landschaftsbeschreibung vortrefflich die Umgebung der dortigen Deutschlandschachthalde wieder. Dieser durch Aufschüttungen aus Abraum und Kohleresten entstandene, mittlerweile renaturierte Berg ist 487 Meter hoch. Und tatsächlich bietet ein 36 Meter hoher Aussichtsturm namens »Glückauf« auf dem Gipfel eine phantastische Fernsicht. Bei gutem Wetter soll sogar das rund 100 Kilometer entfernte Völkerschlachtdenkmal in Leipzig auszumachen sein.

Der Aussichtsturm ist allerdings nicht das einzige Glanzstück, das auf dem Gipfelplateau geboten wird. Nur einige Meter entfernt schimmert metallisch matt ein riesiges Wunderhorn in der Sonne. Diese von der Künstlerin Erika Harbort 2012 entworfene Skulptur hat es im wahrsten Sinne des Wortes in sich: ein Stuhl aus Edelstahl mit Sitzheizung. Sommers wie winters angenehm temperiert, lädt er zur Erholung der müden Wanderfüße ein. Wer nun an elektrisch gespeiste Glühwendel als Ursache für diese Annehmlichkeit denkt, vergleichbar mit einer Autositzheizung, liegt weit daneben. Denn die Skulptur nutzt keine Batterie als Energiequelle. Im Inneren der Halde schwelen Brände, die bis zu 250 Grad Celsius heiß werden können. Sie sind durch den enormen Druck der Gesteinsmassen auf die Kohlereste entstanden, die sich dadurch entzündet haben. Die Skulptur sammelt mittels Erdsonden diese Wärme und leitet sie an die Sitzfläche weiter. Frieren hätte der Schneider der Brüder Grimm hier oben also nicht müssen.

Adresse 09376 Oelsnitz/Erzgebirge | Anfahrt A72, Ausfahrt Stollberg-West, Richtung Oelsnitz, dort in die Bahnhofstraße, dann links in die Deutschlandschachtstraße und weiter bis zum Parkplatz, circa 15 Minuten Gehzeit | Tipp Ob mit dem Rad oder zu Fuß unterwegs, das an der Garnstraße gelegene Denkmal »Vaterlandsgrube« lädt zum Verweilen ein. Die Stele ehrt den Schriftsteller und Ehrenbürger der Stadt Oelsnitz Reiner Kunze.

83 Das Olbernhauer Reiterlein

Von der Anstecknadel zur Symbolfigur

Hoppe, hoppe, Reiter, wenn er fällt … nein, das Olbernhauer Reiterlein fällt doch nicht! Bereits seit vielen Jahrzehnten sitzt der stolze Reiter fest im Sattel seines Holzpferdchens. Er gehört neben der Pfefferkuchenfrau und dem Nussknacker zu den Wahrzeichen von Olbernhau. Das weihnachtliche Dreigestirn ziert den Ortsschwibbogen, und als überlebensgroße Figuren geben sich die drei vom ersten Advent bis zu Mariä Lichtmess auf dem Marktplatz die Ehre. Seit 1951 haben sie dort ihren Platz.

Aber nicht nur zur Weihnachtszeit prägen sie das Bild von Olbernhau, der Wiegereiter findet sich auf Infosäulen, Wegweisern, E-Ladesäulen und in Schaufenstern. Beim Bummel durch die Stadt begegnet man ihm auf Schritt und Tritt. Eine 2,8 Meter große Figur steht auf dem Markt, ebenso ein hübsches Windspiel, das fünf verschiedene Reiterlein im Wind kreisen lässt.

Der Ursprung des Reiterleins liegt in den 1930er Jahren. Wie überall auf der Welt war auch das Erzgebirge von der Weltwirtschaftskrise betroffen. Not und Armut machten sich breit, und die Spielzeugherstellung kam fast völlig zum Erliegen. Das 1933 gegründete Winterhilfswerk beauftragte die Männelmacher mit der Produktion von Winterhilfsabzeichen. Bei Straßensammlungen konnten diese von der Bevölkerung erworben werden; damit leistete man seinen Beitrag für Notleidende und Hilfsbedürftige. Die kleinen Anstecker gab es in vielfältigen Ausführungen, beliebt waren auch traditionelle Weihnachtsmotive.

1935 war dann die Geburtsstunde des Reiterleins, als der Spielzeugfabrikant Max Korb das Schaukelpferd mit Reiter produzierte. Es verkaufte sich millionenfach, und so nahm sein Siegeszug über die Grenzen des Erzgebirges hinweg seinen Lauf. Heute ist das Reiterlein auch ein Markenzeichen für echte Erzgebirgische Holzkunst.

Adresse Markt 7, 09526 Olbernhau | **Anfahrt** aus Richtung Chemnitz über die B174, dann B10, ab Pockau der Flöhatalstraße, dann der Olbenhauerstraße und anschließend der S223 bis Olbenhau folgen | **Tipp** In Olbernhau kann jeder auf Erlebnistour mit dem Reiterlein gehen. Die dazugehörige Stempelkarte ist in der Tourist-Information in der Grünthaler Straße 20 erhältlich. 14 Stationen wollen abgestempelt werden.

84 Die Ölmühle

Goldgelb ist der Stoff, den die Organe lieben

Olivenöl ist gesund, das weiß jedes Kind. Doch nicht jeder ist von seinem Geschmack überzeugt. Wie wäre es in diesem Fall mit einer Alternative namens Leinöl? Es enthält große Mengen mehrfach ungesättigter Fettsäuren, soll Entzündungen hemmen und vorbeugend gegen Krankheiten wie Herzinfarkt, Thrombose oder Schlaganfall wirken.

Wer jetzt neugierig geworden ist, sollte sich nach Dörnthal aufmachen, denn dort ist das – womöglich – beste Leinöl der Welt zu finden. In dem schmucken Dörfchen in der Nähe von Olbernhau steht die älteste noch produzierende Ölmühle Deutschlands. Der Fachwerkbau direkt neben dem Dorfbach hat eine bewegte Geschichte.

Erstmalig urkundlich erwähnt wird die Mühle am 2. Dezember 1650. Über die Jahrhunderte um mehrere Gebäude erweitert, wird kurz vor dem Zweiten Weltkrieg das altertümliche Mühlrad durch eine moderne Turbine ersetzt, die noch heute die Transmissionsräder antreibt. Nach dem Krieg trotzte der damalige Besitzer dem Mühlensterben. Obwohl kleinen Handwerksbetrieben in der DDR seitens der sozialistischen Obrigkeit immer wieder »Mühlsteine« in den Weg gelegt wurden, modernisierte er den Maschinenpark und produzierte fortan kaltgepresstes Leinöl. Damit konnte er sich auch unter den widrigen Bedingungen als kleiner Handwerksbetrieb behaupten.

Nach der Wende brach die Nachfrage nach dem Öl ein. Nur dem Durchhaltewillen der dritten Generation der Müllerfamilie ist es zu verdanken, dass die Mühlsteine heutzutage weiterhin mahlen. Seit 1993 steht die Dörnthaler Ölmühle unter Denkmalschutz und beherbergt inzwischen auch den Mühlenladen. Wer auf den Geschmack gekommen ist, kann hier das Leinöl sowie viele andere Bio- und Naturprodukte erstehen. Und dass die Ölquelle bald versiegt, ist sehr unwahrscheinlich. Denn bereits die nächste Generation steht bereit, um die erzgebirgische Tradition am Leben zu erhalten. Darauf ein »Wohl bekomms«.

Adresse Dörnthal 47, 09526 Olbernhau-Dörnthal, www.oelmuehle-doernthal.de | Anfahrt ab Freiberg B101, links auf Olbernhauer Straße, dem Straßenverlauf bis Dörnthal folgen | Öffnungszeiten Mo–Fr 7.30–12 und 12.30–16.30 Uhr, Sa 9–12 Uhr | Tipp Das Restaurant »Braun Mühle« führt Buttermilchgetzen, ein Kartoffelgericht, auf der Speisekarte. Dieser Klassiker aus der erzgebirgischen Küche erfreut sich großer Beliebtheit.

85__Der Rote Turm des Todes

Wo nicht nur Uranerz gebrochen wurde

Schulden sind Ehrensache, grundsätzlich gilt das auch für Staaten. Fehlen Devisen, dann tilgt man mit Rohstoffen, sofern sich die Beteiligten darüber einig sind. Und das waren sich die Tschechoslowakei und die Sowjetunion kurz nach dem Zweiten Weltkrieg. Die UdSSR benötigte Uranerz, und die Tschechoslowaken besaßen eine Uranerzlagerstätte. Ein fairer Deal also. Allerdings ergab sich ein Problem: Der Abbau und die Aufbereitung des radioaktiven Erzes waren gefährlich. Aber auch hierfür war rasch eine Lösung gefunden, und ab diesem Moment wurde aus dem »fairen Deal« ein Verbrechen an der Menschlichkeit: Politische Gefangene wurden unter furchtbaren Bedingungen zur Zwangsarbeit herangezogen.

So entstand in Dolní Žďár bei Ostrov 1951 eine zentrale Uranerz-Aufbereitungs- und Sortieranlage inklusive eines Arbeitslagers.

Dominiert wurde das Gelände von einem siebenstöckigen Ziegelturm. In ihm befand sich die Brecher- und Siebanlage für Uranerze aus dem nahe gelegenen St. Joachimsthal. Aufgrund seiner Kolorierung, des »Blutzolls« unter den Gefangenen und der symbolischen Farbe des kommunistischen Regimes wurde er als »Roter Turm des Todes« (auf Tschechisch: Rudá věž smrti) bezeichnet.

Erst Jahre später hatte das Leid der Häftlinge ein Ende und das als als Vykmanov II bezeichnete Lager wurde aufgelöst. Anfang der 60er Jahre übernahm der Fahrzeughersteller Škoda die Anlage und fertigte dort bis zum Jahr 2008 Oberleitungsbusse. Nachdem die Produktion eingestellt worden war, schenkte Škoda den Roten Turm des Todes und das dazugehörige Grundstück der Konföderation der politischen Gefangenen der Tschechischen Republik. Noch im selben Jahr wurde das Gelände zum nationalen Kulturdenkmal erklärt. Heutzutage dienen die Gebäude für Museumszwecke und kulturelle Veranstaltungen und sind Bestandteil des UNESCO-Welterbes Montanregion Erzgebirge/Krušnohoří.

Adresse Dolní Žďár 43, 36301 Ostrov (Schlackenwerth), Tschechien, www.rezervace.montanregion.cz/de/ruda-vez-smrti | **Anfahrt** ab Chemnitz B174, ab Gronau der B180 folgen, vor Ehrenfriedersdorf auf die B95, über Annaberg-Buchholz bis Oberwiesenthal, Grenzübergang Gottesgab, Route 25 bis Ostrov nehmen, links auf Route 0242 abbiegen, der Beschilderung zur Gedenkstätte folgen | **Öffnungszeiten** Führungen Mai–Okt. Sa, So 10–16 Uhr | **Tipp** Das Weiße Schloss (Jáchymovská 1) ist ein beeindruckendes Bauwerk. Es umfasst unter anderem einen großzügigen Lichthof, den Prinzenpalast und einen Gartensaal.

86__Ostalgie im Garten

Ein Abstecher in die Vergangenheit

Eine Minol-Tankstelle? Die Zapfsäulen in Gelb-Rot lackiert, wie es damals in der DDR üblich war? Unwissende Besucher werden sich die Augen reiben und sich fragen, ob sie eine Zeitreise unternommen haben. Tauchen etwa gleich Doc Brown und Marty McFly mit Blitz und Donner im DeLorean auf?

Spätestens aber bei dem Versuch, aus den Schläuchen den damals üblichen Gemisch-Treibstoff sprudeln zu lassen, fliegt alles auf. Weder sind Benzintanks im Garten vergraben, noch kann im ebenfalls bereitstehenden Bockwurstautomaten von 1960 tatsächlich Kulinarisches erstanden werden. Alles ist »nur« Kulisse, von dem Eigentümerpaar Mandy und Frank Lieberwirth liebevoll restauriert und präsentiert.

Ein privates DDR-Museum im Garten, in dem es so viel zu entdecken gibt. An der Hauswand hängt ein Zigarettenautomat, der gegen echte Alu-Münzen Schachteln der Marken »Jubiliar« oder »Real« auswirft. Allerdings stecken in den Packungen keine Zigaretten. Es sind originalgetreue Faksimiles, die in mühevoller Handarbeit gebastelt wurden. In einem Kiosk, auf den das beleuchtete Schild »Mitropa Gaststätte« hinweist, finden sich unter vielen anderen DDR-Utensilien Spirituosen von damals, historische Zeitschriften und pyramidenförmige Milchtüten.

Wer bei diesem Anblick bereits in Erinnerungen schwelgt, wird aus dem Staunen nicht herauskommen, sobald sich die Garagentore öffnen. Dort stehen nicht nur ein voll funktionsfähiges Volkspolizei-Motorrad und ein DDR-Wohnwagen, sondern auch zwei bildschöne Trabanten. Auf einem ist sogar das aus dem Kultfilm »Go Trabi Go« bekannte Zeltdach montiert. Bei genauer Betrachtung fällt auf dem Persenningstoff ein Autogramm auf. Ein Highlight mehr, das die Besucher entdecken können. Denn kein Geringerer als der Hauptdarsteller des oben erwähnten Films, Wolfgang Stumph, hat hier passenderweise seine Schriftspur hinterlassen.

Adresse George-Bähr-Straße, 09509 Pockau-Lengefeld-Forchheim | Anfahrt ab Chemnitz B174 bis Börnichen, rechts auf Augustusburger Straße, dem Straßenverlauf bis Pockau folgen, links auf B101, weiter bis Pockau-Lengefeld, dort rechts in George-Bähr-Straße | Tipp Die evangelische Kirche in Forchheim entstand nach Plänen des Barock-Baumeisters George Bähr. Sie gilt als Vorläufer der Dresdner Frauenkirche. Die Orgel im Inneren stammt von Gottfried Silbermann.

87_Der Straßentunnel

Besser die Außenspiegel einklappen

Schloss Rauenstein thront auf einem Felsen oberhalb der Flöha und diente im Mittelalter als Zoll- und Schutzburg. 1323 wurde die Burg erstmals urkundlich erwähnt, Ausgrabungsfunde belegen jedoch erste Bebauungen bereits um 1200.

Somit haben die Gemäuer mehr als 800 Jahre in den Fugen stecken, und könnten die Steine reden, hätten sie einiges zu berichten. So zum Beispiel davon, dass zum Ende des Zweiten Weltkriegs Tausende Bücher, darunter eine wertvolle Gutenberg-Bibel, zum Schutz vor Bombenangriffen eingelagert wurden. Nach der Kapitulation erfuhren sowjetische Trophäenjäger davon und heimsten die Bücherkisten mitsamt der Bibel ein. Heute freut sich die Staatsbibliothek in Moskau über deren Besitz.

Ein neuzeitlicheres Ereignis ging als die Posse »Das Elefantenklo von Rauenstein« in die Burggeschichte ein. Der regionale Abwasserverband baute eine Kläranlage auf dem Grundstück des Schlosseigentümers – ohne dessen Erlaubnis. Der verweigerte später die Inbetriebnahme, bekam vor Gericht Recht, und so endete das Ganze mit einem Millionenverlust der öffentlichen Hand.

Heutzutage befindet sich das Schloss immer noch in Privatbesitz und kann nicht besichtigt werden. Trotzdem lohnt sich ein Ausflug ins Flöhatal. Denn unter dem Schloss führt der älteste Straßentunnel Sachsens hindurch. Er wurde bei Umbauarbeiten im Jahr 1629 angelegt und kann befahren werden. Allerdings sollte eine ruhige Hand das Lenkrad befehligen, denn die Schlossunterführung ist kaum breiter als ein Auto und gerade einmal 2,5 Meter hoch. Während die Einfahrt auf der östlichen Seite gut einzusehen ist, gelangt man auf der Westseite in einem 90-Grad-Knick in den Tunnel. Hier ist besondere Sorgfalt vonnöten, um nicht unverhofft einem entgegenkommenden Fahrzeug gegenüberzustehen. Grundsätzlich gilt: Wer zuerst kommt, fährt zuerst. Und das bereits seit Jahrhunderten.

Adresse Rauenstein 6, 09514 Pockau-Lengefeld-Rauenstein | Anfahrt ab Chemnitz B174 über Zschopau, links auf Börnichener Straße, in Börnichen rechts auf Hauptstraße, erst nach Pockau-Lengefeld, dann nach Rauenstein, Parkmöglichkeiten rechts hinter der Flöhabrücke, circa 5 Minuten Gehzeit | Tipp Der Rastplatz an der Lippersdorfer Straße auf der dem Schloss gegenüberliegenden Seite des Flöhatals bietet einen einzigartigen Blick auf die Burganlage.

88 Das Steinerne Messer

Der ungelöste Fall von Dippoldiswalde

Entsetzliches geschah einst inmitten der Dippoldiswalder Heide. Davon zeugt das »Steinerne Messer«, ein Sühnestein am Wegesrand nahe der Talsperre Malter. Was damals wirklich geschah, weiß niemand. Das in Stein gemeißelte Messer kann als Hinweis auf die Tatwaffe angesehen werden. Blut soll geflossen sein. Aber war das Ereignis ein Fall für die mittelalterliche Kriminalpolizei oder doch »nur« ein Missgeschick?

Fünf Theorien werden lanciert: 1445 ermordete ein Fleischer den Vogt des Amtes Dippoldiswalde. Diese Tat ist verbrieft. Fraglich ist bis heute allerdings, ob es an der Stelle passierte, die das Steinerne Messer anzeigt. Ein Zusammenhang kann nur vermutet werden. Eine andere Spekulation besagt, ein Priester sei dort getötet worden. Mögliches Motiv: Rache für die Exzesse des Klerus. Beweise dafür fehlen jedoch.

Des Weiteren wird vermutet, dass zwei Fleischer ihre Messer schärften und anschließend im Wald eine Frau ermordeten. Nur gibt es dafür ebenfalls keine stichfesten Belege. Im Angebot ist auch ein Raubmord an einem zum Viehmarkt gehenden Fleischer. Strauchdiebe, die Reisenden auflauerten, waren damals allgegenwärtig. Nur müssten dann nicht sehr viele Steinerne Messer zu finden sein? Trivialer ist die letzte Vermutung: Ein Fleischer soll auf dem vereisten Weg ausgerutscht und in seine eigenen Schneidegeräte gefallen sein. Ein Wegeunfall während der Arbeit sozusagen. Aber dafür würde niemand einen Stein aufstellen, oder?

Was sich damals tatsächlich ereignete, bleibt also bis heute rätselhaft. Spürnasen dürfen nach wie vor am Tatort herumschnüffeln. Doch Vorsicht vor einem vorschnellen Verdacht: Das eingemeißelte »H« auf der Vorder- und das »N« auf der Rückseite weisen nicht auf die Initialen des Täters hin. Der Stein wurde auch als Wegsäule genutzt, und die Buchstaben dienten zur Orientierung.

Manchmal kann eine Erklärung sehr einfach sein.

Adresse Rabenauer Straße, 01734 Rabenau-Karsdorf | Anfahrt ab Dresden B170 Richtung Dippoldiswalde, rechts auf Heidestraße, kurz vor dem Naturhotel Heidemühle zweimal links abbiegen, auf der Heidestraße bleiben, dem Straßenverlauf folgen, rechts auf Rabenauer Straße, weiter bis zum Wanderrastplatz am Steinernen Messer | Tipp In unmittelbarer Nähe steht die »Wolfssäule«. Sie gedenkt des letzten Wolfes, der in der Dippoldiswalder Heide 1802 erlegt wurde.

89 Der Hundsmartergust

Hölzerner Wachposten

Wer mag das Männlein sein, das da sitzt im Wald allein? Gut, in ein purpurnes Mäntlein ist er nicht gehüllt, der Hundsmartergust. Der hölzerne Geselle thront auf einem hohen Pfahl, die Kiepe auf seinem Rücken mit Holz beladen. In der einen Hand die Axt und in der anderen eine Pfeife, behütet er den Erzgebirgswald am Hundsmarter, dem 848 Meter hohen Berg südlich der Gemeinde Raschau-Markersbach. Am Wegesrand des Hundsmarterflügels trifft man den geschnitzten Holzkerl an, der über die Menschen und ihren Umgang mit der Natur wacht. Wer weiß, vielleicht schaut er deshalb etwas grimmig drein?

Der Erzgebirgszweigverein hat ihn als Begleiter des Hundsmarterweibls ins Leben gerufen. Der Sage nach soll das Weibl einst heftig mit dem Bein auf den Boden gestampft haben, sodass sich dieser unter ihr auftat und sie in den Feuerschlund des Berges gezogen wurde.

Von jeher soll sie alle 100 Jahre emporsteigen und nachschauen, wie die Welt lebt. Anlässlich des 103. Deutschen Wandertages entstand das Hundsmarterweibl auch als lebende Figur und streift gelegentlich mit ihrem Gust durch die Wälder. Auch wenn man dem sagenhaften Paar nicht begegnet, ist der Hundsmarter zu jeder Jahreszeit ein lohnendes Ziel. Der Name soll sich übrigens von Hundefuhrwerken ableiten, mit denen man vor Hunderten Jahren Salz nach Böhmen transportierte – eine echte Marter für die Tiere.

Auf der Bergkuppe liegt das Oberbecken des Pumpspeicherwerks Markersbach, das auf einer drei Kilometer langen asphaltierten Roller- und Skaterbahn umrundet werden kann. Das Gebiet lädt ebenso zum Wandern und Radfahren ein. Und bei Schnee heißt es: Ab auf die Piste! Am Parkplatz Oberbecken beginnt der Skiwanderweg Hundsmartertrasse (HMT). Durch den idyllischen Winterwald, vorbei am Hundsmartergust, geht es in Richtung Tellerhäuser. Dort bestehen Anschlussmöglichkeiten nach Boží Dar und Oberwiesenthal.

Adresse Hundsmarterflügel, 08352 Raschau-Markersbach | Anfahrt A72, Ausfahrt Hartenstein, Richtung Aue, auf Höhe Erzgebirgsstadion rechts auf die B169, dann links auf die B101, über Schwarzenberg bis Raschau-Mackersbach, im Ort zum Freibad, dort über Bockgutweg zum Parkplatz am Oberbecken, circa 2 Kilometer zu Fuß | Tipp Auf dem Weg vom Parkplatz zum Hundsmartergust kann in der Roßbachhütte Rast eingelegt werden. Die kleine Hütte bietet auch Schutz vor Wind und Wetter.

90__Das Markersbacher Viadukt

Wildwest im Osten

Allein das Wort Viadukt erzeugt meist positive Assoziationen. Die einen schweifen gedanklich ab in die weite Welt, verspüren plötzlich Reiselust. Denn jeder weiß: Brücken verbinden ferne Orte. Andere haben Bilder von ingenieurtechnischen Meisterleistungen vor Augen, die kühn Täler überspannen, und kommen dabei aus dem Staunen nicht heraus. Wenn bereits die Imagination derart positive Gefühle hervorruft, könnte dann der Anblick eines Viadukts nicht eine therapeutische Wirkung auf gestresste Seelen haben?

Ein Selbstversuch kann in einem Seitental der Großen Mittweida im Ort Markersbach unternommen werden. Unter der Leitung des Geheimen Regierungsrats Claus Koepcke und des Ingenieurs Hans Manfred Krüger – eine Tafel am Mittelpfeiler des Viadukts erinnert an die Erbauer – wurde dort von 1887 bis 1889 das Markersbacher Viadukt errichtet. Das Bauwerk ist 36,5 Meter hoch, 236,5 Meter lang und ein wichtiges Element der Eisenbahnstrecke von Annaberg-Buchholz nach Schwarzenberg. Die Leichtbau-Stahlkonstruktion umfasst acht trapezförmige Gerüstpfeiler und ist so luftig filigran konstruiert, dass das Bauwerk auch liebevoll »Streichholzbrücke« genannt wird. Die Gleise liegen auf Fachwerkträgern mit gebogenem Untergurt, diagonal verspannte Stahlfachwerk-Gerüststützen tragen das Ganze. Zu kompliziert? Geht es nicht einfacher? Vielleicht hilft das: Insider nennen so etwas auch »Fischbauch-Trägerbrücke«. Und wer jemals einen Western gesehen hat, in dem ein Feuerross über eine Brücke dampft, wird sich beim Anblick des Viadukts daran erinnern. Denn tatsächlich dienten die amerikanischen Trestle-Brücken den Konstrukteuren als Vorbild.

In den Jahren 2003 bis 2009 wurde das Bauwerk derart gründlich und umfassend restauriert, dass es heutzutage in seiner stahlblauen Farbe wie neu wirkt.

Adresse 08352 Raschau-Markersbach | Anfahrt A72, Ausfahrt Hartenstein, Richtung Aue, auf Höhe Erzgebirgsstadion rechts auf die B169, dann links auf die B101, über Schwarzenberg bis Raschau-Mackersbach und zum Parkplatz Aussichtspunkt Viadukt Markersbach | Tipp Das Naturflächendenkmal »Kalkloch Langenberg« (Mühlstraße 13a) bietet mit den gut erhaltenen Kalkbrennöfen wunderschöne Fotomotive.

91 Die Staffeleien

Galerie an der frischen Luft

Caspar David Friedrich, Albrecht Dürer oder Franz Marc kennt jeder. Sogleich hat man die Werke der berühmten deutschen Maler vor Augen, etwa den »Wanderer über dem Nebelmeer«, den »Feldhasen« oder die »Blauen Pferde«. Ist es aber nicht spannender, sich mal von unbekannteren Kunstwerken in den Bann ziehen zu lassen?

Der in Sayda geborene akademische Maler Kurt Preißler (1893–1968) und verschiedene Laienkünstler des osterzgebirgischen Bergstädtchens ließen sich von der reizvollen Umgebung Saydas inspirieren, mit Pinsel und Stift hielten sie ihre Eindrücke fest. Wer sich für diese Werke interessiert, muss nicht vor einem Museum Schlange stehen, der Kunstgenuss findet hier auch nicht in den stilvollen Räumen einer Galerie, sondern unter freiem Himmel statt.

Mit dem »Saydaer Maler-Weg« hat man eine erwanderbare Kunstlandschaft geschaffen: Staffeleien mit wetterfesten Reproduktionen der Bilder und Zeichnungen der lokalen Künstler – großenteils von Kurt Preißler – säumen den Weg und stehen an den Punkten, von denen aus die Landschaft auf die Leinwand gebannt wurde. Man nimmt die Blickwinkel der Maler ein und kann die herrlichen Motive an Ort und Stelle in natura bewundern. Die Gemälde zeigen alte Stadtansichten und die Schönheiten der Natur, und als würde man in einem alten Fotoalbum stöbern, kann man die Bilder von damals mit heute vergleichen – zum Beispiel die »Letzte Brechstube in Friedebach zu den vier Jahreszeiten« oder das historische »Kleine Vorwerk«, das seine Gäste übrigens im kleinsten Restaurant Sachsens mit kulinarischen Köstlichkeiten verwöhnt.

Vom Ausgangspunkt, dem Heimatmuseum »Hospital zu St. Johannis«, aus können die Staffeleien auf dem Saydaer Maler-Weg aufgespürt werden. Eine Infotafel gibt Auskunft über die Wegeführung mit den einzelnen Stationen innerhalb und außerhalb des Stadtkerns, die den Wanderern »malerische« Aussichten bieten.

Adresse 09619 Sayda | **Anfahrt** ab Freiberg B101, kurz vor Mittelsaida links auf Olbernhauer Straße, später links auf S207, dem Straßenverlauf bis Sayda folgen | **Tipp** Eines der ältesten noch erhaltenen Gebäude der Stadt aus dem Jahr 1508 beherbergt das erzgebirgische Heimatmuseum »Hospital zu St. Johannis«. Hier erhält man einen guten Einblick, wie die Menschen früher im Erzgebirge gelebt und gearbeitet haben (Besichtigung nach Vereinbarung unter Tel. 037365/972-22 oder per E-Mail an touristinfo@sayda.de).

92 Die Basaltsäulen

Von Zwergen und Pfeifen

Es sind zwei an der Zahl. Die größere ist 18,10 Meter hoch und 41,85 Meter lang. Nein, gemeint sind nicht die imposanten Basaltsäulen, sondern die beiden Skisprungschanzen, die seit 1972 unterhalb der imposanten Steinwand stehen. Die Schanzen können ebenso wie die Basaltsäulen ganzjährig besichtigt werden.

Schon jetzt dürfte klar sein, dass es viel am 807 Meter hohen Scheibenberg zu entdecken gibt. Besonders erwähnenswert ist der Aussichtsturm auf dem Gipfelplateau, von dem aus sich ein grandioser Rundblick über das Erzgebirge öffnet.

Nun aber zu der geologisch bedeutsamsten Attraktion: den Basaltsäulen. Entstanden sind sie vor Jahrmillionen durch vulkanische Aktivität. Das dunkle Gestein ist erkaltete Lava. Das Wort Basalt entstammt wohl dem Altägyptischen und kann mit »harter Stein« übersetzt werden.

Im Volksmund werden die Säulen am Scheibenberg »Orgelpfeifen« genannt. Eine durchaus zutreffende Bezeichnung, denn tatsächlich stehen die bis zu 40 Meter hohen Basaltsäulen hier am Scheibenberg Seite an Seite und wirken wie eine Orgelpfeifenwand für Riesen. Apropos Riesen. Die spielen zwar keine Rolle auf dem Scheibenberg, dafür aber Zwerge. Im Andenken an die Sagenfiguren befindet sich vor den Orgelpfeifen eine – vom Künstler Peter Rehr geschaffene – hölzerne Skulptur. Sie stellt den Zwergenkönig Oronomassan dar, der an Ort und Stelle über ein neckisches, aber durchaus großzügiges Zwergenvolk herrschte. Einer Sage nach soll damals ein gutherziges Mädchen den frierenden Zwergenherrscher im Tragkorb ins Warme gebracht haben. Dafür wurde es überaus reichlich mit Silber belohnt.

Der Zwergenkönig ziert als Maskottchen die Schautafeln entlang des »Basalt-Pfads Scheibenberg: Das Geheimnis der Orgelpfeifen«. Wer mehr über die Geologie, Flora und Fauna erfahren möchte, dem sei dieser rund drei Kilometer lange Lehrpfad ans Herz gelegt.

Adresse Scheibenberg, 09481 Scheibenberg | **Anfahrt** A72, Ausfahrt Stollberg-West, Richtung Zwönitz und Elterlein bis Scheibenberg, dort der Beschilderung zur Skisprungschanze folgen | **Tipp** Am südlichen Uferweg des »Unterbecken Markersbach« drehen sich von Mai bis Oktober verschiedene Miniaturwasserräder. Selbst gebaute Wasserräder können mitgebracht und getestet werden.

93 Das Mönchsgesicht

Unheimliches begab sich in Schlettau

An vielen Kirchenfassaden finden sich steinerne Fratzen. Diese sogenannten Wasserspeier »speien« Regenwasser aus. Neben ihrer bautechnischen Funktion haben sie auch eine symbolische Bedeutung: Sie verkörpern den Einfluss des Teufels auf die vergängliche Welt und sollen die Kirche von außen vor allem Bösen schützen. Damit wird der Kontrast zur Reinheit des Reiches Gottes dargestellt, welches durch das Kircheninnere versinnbildlicht wird.

Aber selbst mit diesem Wissen werden Besucher der Schlettauer St.-Ulrichs-Kirche rätselnd die Ostfassade betrachten. Dort, auf dem ansonsten blanken Putz, ist ein Mönchsgesicht zu erkennen. Kein Regenwasser ist jemals aus seinem Mund geströmt, und teuflische Züge sieht man auch nicht. Was ist des Rätsels Lösung?

Eine überlieferte Geschichte hilft, die Wissenslücke zu schließen: Im Jahr 1520 erschien dem Dorfpfarrer um Mitternacht ein Geist. Der teilte ihm mit, dass ein Lichtschein eine Stelle an der Kirchenwand markiere. Dort sei ein eingemauertes Silberkreuz zu finden. Stante pede eilte der Dorfpfarrer zu seinem Mönchsgehilfen. Am nächsten Tag sollte der alles bereithalten, um den Schatz zu bergen. So der Plan des Pfarrers, den der gierige Gehilfe aber zu durchkreuzen wagte. Als der Pfarrer zu Bett gegangen war, machte er sich allein ans Werk. Er entdeckte das Kreuz, zerschlug aber bei der Bergung das Gesicht des Heilands. Daraufhin fuhr ein gewaltiger Donnerschlag vom Himmel herab. Davon aufgeweckt, eilten alle herbei. Sie fanden den Gehilfen ohne Kopf tot neben dem Silberkreuz. Alle machten sich auf die Suche nach dem fehlenden Körperteil … und erblickten es an der Stelle im Mauerwerk, hinter der das Kruzifix verborgen gewesen war, bleich, zu Stein geworden.

Seitdem blickt der Mönch aus der Fassade heraus. Und manch einer will beobachtet haben, wie er aufgrund seines Schicksals bittere Tränen vergoss.

Adresse Kirchplatz 4, 09487 Schlettau | Anfahrt ab Chemnitz B95 bis Annaberg-Bucholz, dort auf B101, dem Straßenverlauf bis Schlettau folgen | Tipp Bei sommerlichen Temperaturen lädt das gut ausgebaute Naturbad Schlettau im Hermannsdorfer Weg zu einer Abkühlung ein.

94 Die chinesische Pagode

Geschichte wiederholt sich

Als in den 30er Jahren des letzten Jahrhunderts der spätere 31. Präsident der USA, Herbert Clark Hoover, den Hoover-Damm in Auftrag gab, geschah das, um die Folgen einer Weltwirtschaftskrise abzumildern. Die Errichtung der gewaltigen Talsperre brachte Tausende Menschen in Lohn und Brot und wirkte damit einer Massenverarmung entgegen.

Dass Hoover bei der Planung seines Vorhabens von einem Projekt im Erzgebirge inspiriert wurde, ist nicht verbürgt, wäre aber durchaus denkbar. Denn in der Karlsbader Straße im Schneeberger Ortsteil Mühlberg wurde aus den gleichen Beweggründen ein – für diese Gegend ungewöhnliches – Bauwerk errichtet: eine chinesische Pagode.

Anfang der 1770er Jahre herrschte eine schreckliche Hungersnot in Böhmen und Sachsen. Widrige Witterungsverhältnisse sorgten mehrere Jahre hintereinander für katastrophale Missernten. Das Getreide verfaulte auf den schlammigen Feldern, die Saat wurde durch Hochwasser und sintflutartige Regenfälle schon vor dem Keimen fortgeschwemmt. Hunger und Elend hielten Einzug. Das rief den erzgebirgischen Hoover auf den Plan, den Philanthropen und Handelsherrn Christian Heinrich Richter.

Auf einem ehemaligen Schachtgelände ließ er einen Garten anlegen und darin eine chinesische Pagode errichten. Als Vorlage für das Bauwerk diente die Nadelbüchse seiner Frau Anna Richter, die in dieser dreistöckigen Dose ihr Nähzeug aufbewahrte, mit dem sie Kleidung für die Armen nähte. Und dieses Behältnis glich einem chinesischen Tempel. Mit ihren selbstlosen Maßnahmen, die die Richters fast in den Ruin trieben, linderten sie die Auswirkungen der Hungerkatastrophe. 1850 erwarb dann ein Steiger mit dem Nachnamen Sieber den Garten, und das schmucke Bauwerk erhielt den Beinamen »Siebersche Pagode«. Diese ist heutzutage vor Ort nicht zu übersehen. Verschollen dagegen ist leider die Blaupause: Anna Richters Nadelbüchse.

Adresse Karlsbader Straße, 08289 Schneeberg | Anfahrt A72, Ausfahrt Hartenstein, S255 Richtung Aue, dort der Beschilderung nach Schneeberg folgen, in Schneeberg auf der B93 Richtung B169, kurz vor der B169 rechts in die Karlsbader Straße einbiegen | Tipp Die Indoor-Erlebniswelt FUNDORA in der Nähe des Filzteichs bietet unter anderem einen Trampolinpark, das Spiel Laser Tag und einen Kletterdschungel im Abenteuer-Labyrinth.

95 Der Schnupperich

Der Stoff, aus dem die Träume sind

Schnupftabak verbinden viele mit gestandenen Mannsbildern, gekleidet in Krachlederhosen, den gut gefüllten Bierkrug in der einen Hand, auf der anderen die Prise. Ein kräftiges Durchschnaufen, dann wird der Tabak unter den Nasenlöchern bis in die Stirnhöhle gezogen. Danach kommt es manchmal zu explosionsartigen Niesanfällen. Freilich, ein Bild, das etwas klischeehaft daherkommt, aber nichtsdestoweniger häufig stimmig ist.

Wie das Wort schon sagt, handelt es sich beim Schnupftabak um echten Tabak. Seit dem 17. Jahrhundert wird das Schnupfen in Europa praktiziert. Wie beim Rauchen von Tabak kann auch dabei eine Nikotinsucht entstehen.

Ob diese Abhängigkeit nun der Grund dafür war, dass vor Jahrhunderten ein findiger Apotheker in Schneeberg eine Alternative erfand, ist nicht überliefert. Vielleicht störte er sich auch nur an den schwarz gefärbten Nasenlöchern und griff daher zu weißen Grundmaterialien. Wie auch immer: Er kreierte kurzerhand den »Schneeberger Schnupftabak«, der sich rasch zu einer beliebten Spezialität der Adler-Apotheke entwickelte. Als korrekte Bezeichnung wäre »Schnupfpulver« eigentlich treffender, denn gerade der Tabak fehlte ja. Die Mischung war so geheim, dass das Rezept nur mündlich von einer Apothekergeneration zur nächsten weitergegeben wurde.

Wer jetzt neugierig geworden ist und die genannte Apotheke mit dem Vorhaben betritt, den »Hard Stuff« in der Ur-Rezeptur zu erstehen, wird enttäuscht sein. Der Verbraucherschutz verbietet heutzutage den Verkauf der Originalmischung. Vielleicht tröstet aber der Anblick des »Schnupperich« über die Ernüchterung hinweg. Aufgrund des damaligen Verkaufsschlagers wurde er einst an der Hausecke der Apotheke angebracht. Der kleine Kerl mit Hut und Mäntelchen grinst zufrieden in die Welt hinaus und versinnbildlicht die Erfolgsgeschichte des weißen Pulvers. Eine außergewöhnlich schöne Werbeaktion.

Adresse Markt 27, 08289 Schneeberg | Anfahrt A72, Ausfahrt Hartenstein, S255 Richtung Aue, in Aue der Beschilderung nach Schneeberg folgen, in Schneeberg Richtung Stadtzentrum | Tipp Unweit des Schnupperich steht der Bergmannsbrunnen »Neuer Anbruch«. Die Brunnenfigur stellt einen Bergmann dar, der eine Silberader erkundet.

96 Die Freie Republik

Wenn ihr nicht, dann … wir auch nicht

Die Geschichte treibt mitunter seltsame Blüten, so auch in Schwarzenberg. Was dort kurz nach dem Ende des Zweiten Weltkriegs geschah, hört sich an wie aus einem Asterix-Comic: »Ganz Deutschland ist von den Alliierten besetzt. Ganz Deutschland? Nein! Eine unbeugsame, von Deutschen bevölkerte Stadt im Erzgebirge …«

Stopp! Von unbeugsam kann keine Rede sein, denn niemand in Schwarzenberg hätte sich damals anrollenden Soldaten entgegengestellt. Der Rest jedoch entspricht der Wahrheit.

In diesen schicksalhaften Tagen warteten die Schwarzenberger vergebens auf die Besatzer. Zwar tauchten amerikanische Einheiten kurz auf, doch sie verschwanden auch rasch wieder. So blieben die Schwarzenberger vom 11. Mai bis zum 25. Juni 1945 ihrem eigenen Schicksal überlassen. Eine Tafel mit der Aufschrift »Freie Republik Schwarzenberg« an einer Hauswand in der Oberen Schloßstraße erinnert daran, wie auch der Lehrpfad »Schwarzenberg UNBESETZT«. Der Rundgang führt in die damalige Zeit zurück und vermittelt Schritt für Schritt die Geschehnisse. Wer sich literarisch dem Thema nähern möchte, dem sei Stefan Heyms Roman »Schwarzenberg« empfohlen.

Doch wie kam es überhaupt zu dieser ungewöhnlichen Hängepartie? Wurde die Region einfach vergessen? Das eher nicht. Wahrscheinlicher ist, dass sowohl die Sowjets als auch die Amerikaner irritiert waren. Sie sollen den Auftrag gehabt haben, bis zum Fluss Mulde vorzudringen. Es gibt jedoch in der Gegend die Zwickauer Mulde und die Freiberger Mulde, die sich dann zur Mulde vereinen. Um den jeweils anderen nicht zu provozieren, hielt man sicherheitshalber am erstbesten Fließgewässer mit diesem Namen an. Das ist aber nur eine Erklärung von vielen. In einer anderen spielt sogar das prunkvolle Bernsteinzimmer eine Rolle.

Festzuhalten bleibt: Die wenigen Wochen im Jahr 1945 sind ein überaus spannendes historisches Mysterium.

Adresse 08340 Schwarzenberg | Anfahrt A72, Ausfahrt Hartenstein, Richtung Aue, auf Höhe Erzgebirgsstadion rechts auf die B169, dann links auf die B101, bis Schwarzenberg fahren, über Straße des 18. März, Karlsbader Straße und Hammerweg auf den Parkplatz Am Hammerweg | Tipp Eine gekippte Rangierlok steht auf dem Parkplatz Am Hammerweg vor dem Schlossbergtunnel, der unter der Altstadt hindurchführt. Der Tunnel ist nicht mehr in Betrieb. Eine aufgemalte Dampflokomotive auf dem Stahltor, das das Südportal verschließt, erinnert an die ehemalige Eisenbahnstrecke.

97 Das Künstlergässchen

Kunst kapert Kleinstadt

Mit zu den wichtigsten Kunststädten zählen die Metropolen London, Paris, Berlin … und vielleicht auch bald die Stadt Schwarzenberg. Überrascht über diese gewagte These? Zugegeben, in der Stadt existiert kein Metropolitan Museum of Art, und auch einen echten Pollock oder Vermeer wird man vergeblich suchen. Doch wer Kunst liebt, wird sie hier finden.

Weit über die Stadtgrenzen hinaus ist die »art-figura« bekannt, der Kunstpreis der Stadt Schwarzenberg. Dieser Preis hat eine langjährige Tradition, und zahlreiche Künstlerinnen und Künstler nähern sich immer wieder kreativ und mit den unterschiedlichsten Materialien den von einer Jury vorgegebenen Themen. Von Holz über Stein und Papier bis hin zu Streichholz, Seife und Kabelbinder, alles darf benutzt werden, um sich auszudrücken. Viele der so entstandenen wundervollen Werke werden vor der Preisverleihung ausgestellt, da auch ein Publikumspreis vergeben wird.

Damit aber noch nicht genug der Kunst. Ein Projekt der besonderen Art ist das »Künstlergässchen«, ein Teilstück des Marktgässchens, zentral in der Mitte der Altstadt gelegen. Den Anfang markiert ein über die Gasse gespanntes – allerdings inoffizielles – Straßenschild. »Kaff hier, Kaff da, Kafka« ziert das Ziffernblatt einer Uhr, an den Häuserwänden finden sich in Holz modellierte Porträts bekannter Künstler wie zum Beispiel Bob Dylan oder Stefan Heym. Wer sich die Muße nimmt und genau hinschaut, wird hier noch viele andere Kunstwerke entdecken. Nahebei werden Gäste in der Kunstkneipe »Haus Kafka« empfangen, und im »Cafe Piano« wird Guinness frisch vom Fass gezapft.

Die Idee zu alldem entstammt einer Initiative von tatkräftigen Künstlerinnen und Künstlern der Stadt. Und spätestens dann, wenn Schwarzenberg aufgrund ihres Engagements irgendwann tatsächlich mit den oben genannten Kunstmetropolen verglichen wird, verdient jeder von ihnen die Ehrenbürgerschaft.

Adresse Ratskellergässchen 3, 08340 Schwarzenberg | **Anfahrt** A72, Ausfahrt Hartenstein, Richtung Aue, auf Höhe Erzgebirgsstadion rechts auf die B169, links auf die B101, nach Schwarzenberg fahren und dort ins Zentrum | **Tipp** Vom Parkplatz Am Hammerweg am Fuße der Altstadt kann die Innenstadt bequem mit dem Schrägaufzug erreicht werden.

98 Der Totenstein

Drachen, Drachen, überall Drachen

Selbst die, die Schwarzenberg ohne Vorkenntnisse besuchen, werden rasch bemerken, dass Drachen in der Stadt allgegenwärtig sind. Bereits im Stadtwappen ist ein solches Wesen zu sehen, das mit einem Ritter kämpft. Folgt man den Fußstapfen des Tatzelwurms, so führen diese entlang des Drachenwegs. Auf dem zentral gelegenen Spielplatz können Kinder einen hölzernen Drachen besteigen. Ein Drache wacht über die Apotheke, und sogar ein Räucherdrachen kann erstanden werden.

In unserer Zeit sind die Lindwürmer in Schwarzenberg offensichtlich gern gesehen. Dereinst aber wollte man einen von ihnen unbedingt loswerden. Und hier beginnt die Geschichte vom Kampf des tapferen Ritters Georg gegen das Untier.

Hoch über der Stadt, am Drachenfels, hauste das Monster und brachte Tod und Verderben. Vermutlich würde der Drache heute noch an den Knochen seiner Opfer nagen, wenn nicht eines Tages der wagemutige Ritter auf den Plan getreten wäre. Nach einer kleinen Stärkung in einer Schänke zögerte Georg keine Sekunde, warf sich in seine – vermutlich feuerfeste – Rüstung und ritt mit gezücktem Schwert dem Drachen entgegen. Weil der Lindwurm nicht einsah, freiwillig das Feld zu räumen, kam es zum Fight auf Leben und Tod. Hin und her ging es. Am Ende schließlich konnte Georg zu einem tödlichen Hieb ansetzen. Nur leider torkelte der sterbende Drache auf ihn zu, um ihn mit letzter Kraft ebenfalls zu töten. Mit dem Rücken zum Abgrund stehend, sah Georg nur einen Ausweg: einen Sprung mit dem Pferd vom Drachenfels über das Schwarzwasser hinweg zum Ottenstein wagen. Leider aber ging das schief, und so zerschellten Ritter und Ross am Fuße des Drachenfels.

Heutzutage erinnern Bilder in der Bahnhofstraße an diesen heldenhaften Kampf. Der Drachenfels heißt inzwischen Totenstein. Und die, die den Blick über die Felswand schweifen lassen, werden immer noch eines Drachens ansichtig.

Adresse Bahnhofstraße, 08340 Schwarzenberg | Anfahrt A72, Ausfahrt Hartenstein, Richtung Aue, auf Höhe Erzgebirgsstadion rechts auf die B169, links auf die B101, nach Schwarzenberg fahren, im Kreisverkehr auf Straße des 18. März abbiegen, im nächsten Kreisverkehr rechts auf Bahnhofstraße und dort parken | Tipp Am Spielplatz im Ratskeller-gässchen erzählen Schautafeln weitere spannende Sagen in Kurzform. Doch Vorsicht: Ein großer Drache bewacht den Spielplatz.

99 Die Pöhlbachschanze

Eine Anlage zum Anfassen

Die Pöhlbachschanze ist nicht die höchste Skisprungschanze im Erzgebirge, trotzdem ist sie eine der interessantesten. Das liegt insbesondere daran, dass sie leicht zugänglich ist und von allen Seiten erforscht werden kann.

Beginnen sollte man damit am Ortsrand von Pöhla im Zuschauerbereich am Fuße der Auslaufzone. Am 6. Februar 1949 nach nur wenigen Wochen Bauzeit eingeweiht, sorgten mehrere Umbauten dafür, dass die Anlage heutzutage immer noch für internationale Wettbewerbe genutzt werden kann. Der Blick schweift über die mit Matten belegte geschwungene Landezone hinauf zum Schanzentisch. Umrahmt von Bäumen, erhebt sich dahinter die eigentliche Sprungschanze mit dem markanten Ziegelsteinturm. Dieser wurde jedoch erst am 20. Oktober 1968 eingeweiht, anfänglich stand an seiner Stelle ein Holzanlaufturm.

Bereits von unten betrachtet wirkt das alles Respekt einflößend. Dass hier Athletinnen und Athleten den Hang freiwillig »hinabfallen«, dürfte bei einer emphatischen Imagination dieser sportlichen Ausnahmeleistung eine Gänsehaut hervorzaubern. Wem dazu an dieser Stelle noch die Vorstellungskraft fehlt, dem werden spätestens oben am Schanzentisch die Augen geöffnet. Hangabwärts gesehen wirkt alles noch steiler und höher. Wer den Nervenkitzel noch weiter steigern möchte, erklimmt die Stufen hoch zum Absprungbalken. Von hier oben wurde Schwung für die Schanzenrekorde geholt: 66 Meter bei den Frauen, 68,5 Meter bei den Männern (Stand 2022).

Der bekannteste unter denen, die hier in die Spur gingen, dürfte der mehrfache Weltmeister sowie Olympiasieger Jens Weißflog sein. Hier legte er das Fundament für seine beispiellose Karriere. Den Spitznamen »Floh vom Fichtelberg« trug er zwar zu Recht, denn er trainierte später in Oberwiesenthal. Aber es wäre auch durchaus reizvoll gewesen, an seine Springer-Wurzeln zu erinnern und ihn als »Pöhla-Springmaus« zu bezeichnen.

Adresse Zum Hahnel 8C, 08352 Schwarzenberg-Pöhla | Anfahrt A72, Ausfahrt Hartenstein, Richtung Aue, auf Höhe Erzgebirgsstadion rechts auf die B169, zur B101, links abbiegen, bis Raschau-Markersbach fahren, rechts auf die Straße des Friedens, weiter bis Pöhla, dort auf Hauptstraße, rechts in Paul-Schneider-Straße, der Beschilderung zur Schanze folgen | Tipp Zehn Kilometer entfernt, in Antonsthal, informiert das Museum »Silberwäsche« über die Techniken der Erzaufbereitung. Das Gebäude wird von einem Freibad und einem Abenteuerspielplatz flankiert.

100 Der Vogelbeerbaum

Baum mit Kultfaktor

Eberesche, Drosselbeere, Krametsbeerbaum, Quitsche … So viele Namen? Sie alle beschreiben denselben Baum, der im Erzgebirge liebevoll Vugelbeerbaam (Vogelbeerbaum) genannt wird. Letztere Bezeichnung kommt nicht von ungefähr: Amsel, Drossel, Fink und Star werden im Spätsommer von den leuchtend roten Beeren der Eberesche, die übrigens im botanischen Sinn keine Beeren, sondern Apfelfrüchte sind, magisch angezogen, mehr als 60 verschiedene Vogelarten »fliegen« förmlich auf die kleinen Früchte. Diese Vorliebe wurde den Piepmätzen aber auch häufig zum Verhängnis, denn die Beeren nutzte man früher als Köder beim Vogelfang.

Von den Germanen und Kelten als heiliger Baum verehrt, ist die Vogelbeere des Erzgebirgers liebster Baum und weit verbreitet in der Region. Seine Früchte, die reich an Vitamin C sind, stehen im Ruf, giftig zu sein, sind getrocknet oder gekocht aber essbar und lassen sich zu schmackhaften Produkten verarbeiten. Eine lange Tradition hat der Vogelbeerlikör beziehungsweise -schnaps. Marmelade, Schokolade, Brot, Senf oder Wurst runden die Vielfalt der Köstlichkeiten ab.

In Lauter-Bernsbach, der »Stadt der Vogelbeere«, widmet man der aromatischen Frucht im Herbst eine kulinarische Festwoche. Die Vogelbeere hat ihren Siegeszug aber nicht nur auf die Teller oder in die Gläser des Erzgebirges angetreten, auch musikalisch gesehen ist sie in aller Munde. »Kann schinn'rn Baam gippt's, wie dann Vuglbärbaam, Vuglbärbaam, ann Vuglbärbaam«, so klingt es in dem alten Volks- und Heimatlied von August Max Schreyer (1845–1922). Er verfasste das Lied »Dar Vuglbärbaam« auf die Melodie eines österreichischen Volksliedes und setzte dem Nationalbaum des Erzgebirges damit ein klingendes Denkmal.

Der sächsische Förster und Mundartdichter lebte und wirkte von 1893 bis 1919 in Pöhla, wo heute ein wunderschönes Holzrelief an den Urheber des erzgebirgischen Evergreens erinnert.

Adresse Hauptstraße 32, 08340 Schwarzenberg-Pöhla | Anfahrt A72, Ausfahrt Hartenstein, Richtung Aue, auf Höhe Erzgebirgsstadion rechts auf die B169, zur B101, links abbiegen, bis Raschau-Markersbach fahren, rechts auf Straße des Friedens und weiter bis Pöhla | Tipp Sieben Kilometer entfernt, in Rittersgrün, stellt das Sächsische Schmalspurbahn-Museum historische Lokomotiven und Waggons aus. Das Außengelände ist kostenfrei zu besichtigen.

101__Räuchermannmuseum

Seit 1830 quarzen sie, was das Zeug hält

Die einen lieben den Duft, verbinden damit schöne Kindheitserlebnisse, schwelgen in Erinnerungen. Andere wiederum können dem nichts abgewinnen und stören sich an der »verqualmten Bude«. Aber selbst wenn das eigentliche Abbrennen der »Raacherkarzel« auf wenig Gegenliebe stoßen sollte, heißt das nicht unbedingt, dass auch die »Raachermannl« nicht gefallen.

Die sind ein Phänomen für sich. Denn aus der Idee, den Räucherkerzen ein schönes Behältnis zu bieten, entstand ein eigenständiges Brauchtum. Wie die Weihnachtspyramiden, die Nussknacker und die Schwibbögen sind die Räuchermännchen seit Jahrzehnten fester Bestandteil der erzgebirgischen Volkskunst. Ob Zahnarzt, Elektriker oder Computerspezialist, es gibt kaum einen Beruf, der nicht schon als Vorlage für ein Räuchermännchen herhalten musste. Sogar Altkanzlerin Angela Merkel kommt mit einem rauchenden Kopf daher, und der Virologe Christian Drosten warnt vor einer neuen Coronawelle durch Rauchzeichen.

Wer sich ein Bild dieser Handwerkskunst machen möchte, kann von Geschäft zu Geschäft bummeln und sich die Figuren anschauen. Eine durchaus gefällige Beschäftigung, aber auch eine zeitraubende. Effektiver ist es, alles auf einen Schlag präsentiert zu bekommen. Genau das ist im Räuchermannmuseum »Alte Färberei« in Sehmatal-Cranzahl der Fall.

Über 2.000 Exponate reihen sich hier Seite an Seite, ein Potpourri an Figuren, die kleinste nur fünf Zentimeter messend, die größte 80 Zentimeter hochgeschossen, und die älteste feiert bald ihren 100. Geburtstag. Das Museum liefert nicht nur einen Überblick über die Historie der Räuchermännchen, sondern fasziniert auch mit der Vielfalt an unterschiedlichen Figurentypen. Und sollte – angeregt durch die Eindrücke – der Wunsch aufkommen, endlich selbst ein »Raachermannl« zu besitzen, kann in dem angeschlossenen Shop gleich zur Tat geschritten werden.

Adresse Dorfstraße 44, 09465 Sehmatal-Cranzahl, www.raachermannlmuseum.de | **Anfahrt** ab Chemnitz B95 über Annaberg-Buchholz, rechts auf Richterstraße nach Sehmatal, im Ort links auf Karlsbader Straße und der Beschilderung zum Museum folgen | **Öffnungszeiten** Mo–Sa 10–16 Uhr, Feiertage siehe Website | **Tipp** Etwa zwei Kilometer Richtung Annaberg-Buchholz lädt ein Generationen-Spielplatz am Süß-Dr.-Teich alle Altersklassen zum Spielen und Bewegen ein. Neben Geräten für Kinder gibt es Bein-, Hüft- und Rückentrainer für Erwachsene.

102 Die Mini-Pyramide

Das erzgebirgische Kairo

»Wenn jemand eine Reise tut, so kann er was erzählen«, dichtete Matthias Claudius schon vor Jahrhunderten. Und wenn Worte für die überbordenden Empfindungen, die in der Ferne gesammelt wurden, nicht ausreichen, dann baut man kurzerhand eines der Weltwunder nach.

Unglaublich? Aber wahr! So geschehen in Kretscham-Rothensehma, einem Dorf, das zum Ortsteil Neudorf der Gemeinde Sehmatal gehört. Der Ortsname leitet sich vom slawischen Wort Kretscham für »Schänke« und der rötlichen Färbung des Flusses Sehma ab, die durch das Auswaschen von Roteisenstein entsteht. Aber zurück zu der bekanntesten Sehenswürdigkeit des Dorfes.

Der Lehrer Hugo Eberwein ließ die Pyramide im Jahr 1916 nach einer Ägyptenreise errichten. Im Gegensatz zum Vorbild in der ägyptischen Hauptstadt dominiert sie nicht die Skyline des Ortes. Auch dürften die Abmessungen der einzelnen Steine, mit denen sie erbaut wurde, niemanden vor eine logistische Herausforderung gestellt haben. Und eine kilometerlange Rampe aus Sand, um am Ende den Schlussstein aufzusetzen, wurde auch nicht benötigt. Aber eine Leiter musste dafür schon herangetragen werden. Denn immerhin ist die Miniatur-Cheopspyramide vier Meter hoch.

Genug der Unterschiedlichkeiten. Fakt ist: In Form und verwendetem Baumaterial stimmen die Bauwerke überein. Darüber hinaus gibt es eine weitere Eigenschaft, hinsichtlich der sich die kleine Nachbildung und das große Original gleichen: Beide sollten als Grabmäler dienen. Wobei jedoch feststeht, dass in der Miniatur-Cheopspyramide letztendlich niemand beerdigt wurde. Ursprünglich wollte Hugo Eberwein die Urne seines Vaters dort bestatten. Die Genehmigung dafür wurde ihm aber verweigert. So widmete der findige Hugo Eberwein das angedachte Grabmal kurzerhand zu einem Denkmal für seinen alten Herrn Karl Otto Eberwein um. Dagegen konnte die Obrigkeit keine Einwände erheben.

Adresse Kretscham 10, 09465 Sehmatal-Kretscham-Rothensehma | Anfahrt ab Chemnitz B95 nach Annaberg-Buchholz, dort rechts auf die B101, links in Karlsbader Straße, über Sehmatal bis Kretscham-Rothensehma | Tipp Rund sechs Kilometer entfernt, in der Ortsmitte von Cranzahl, gibt es in der Mini-Erlebniswelt noch weitere Miniaturen zu bestaunen. Auf einem circa 1.500 Quadratmeter großen Privatgrundstück fahren Gartenbahnen um Miniaturhäuser herum, in einem Steingarten glitzern Kristalle, und in einem Gehege warten Alpakas auf Besucher.

103__Dr Karzlmat

Einfach dufte

Sie bieten alles, was das Herz begehrt, liegen voll im Trend, und praktisch sind sie obendrein. Automaten sind aus unserem Alltag nicht mehr wegzudenken und bergen so einiges in ihrem Inneren. Regenschirme, Toilettenpapier oder sogar Gold gibt es »to go« auf Knopfdruck. Ungewöhnliche Automaten stehen nicht an jeder Ecke, aber wie es in dem altbekannten Spruch heißt: Wer suchet, der findet … im erzgebirgischen Neudorf den »Karzlmat«.

Auf den ersten Blick wirkt er wie ein Zigarettenautomat aus längst vergangener Zeit, aber mitnichten! Es ist kein schnöder Kippenautomat, sondern »dr waltweit arschte Weihrichkarzl-Automat«. Ein lustiges Räucherkerzchen mit Hut lächelt den Passanten von dem Kasten entgegen, der an der Hauswand des Dreiseitenhofs des Räucherkerzenherstellers Jürgen Huß hängt.

Das »Karzl« ist das mittlerweile zum Kult gewordene Markenzeichen der Firma. Also: Kleingeld bereithalten! Wenn den heimischen Räuchermännchen der »Brennstoff« ausgeht, lassen sich hier zu jeder Tages- und Nachtzeit verschiedene Sorten der feinen »Neidarfer Weihrichkarzl« ziehen. Bereits seit 1930 stellt die Firma Huss in Neudorf die Weihrauchkerzen nach alten Familienrezepturen her. Besuchern der Manufaktur bietet sich die Möglichkeit, selbst Räucherkerzen herzustellen. Die feinen Räucherkegel bestehen aus Holzkohle, Kartoffelstärke und wertvollen Duftstoffen. Sie gehören seit jeher im Erzgebirge zur Advents- und Weihnachtszeit dazu. »Kahr, zindt ä Weihrauchkärzel a, doß a wie Weihnacht riecht«, heißt es in einer Strophe des berühmten »Heiligobndlieds«, das um 1799 entstanden sein soll.

Die aromatischen Düfte der Weihrichkarzle verströmen aber nicht nur an grauen Wintertagen eine wohlige Atmosphäre. Mit den Kreationen aus dem Hause Huss steht auch dem sommerlichen Räuchervergnügen nichts mehr im Wege. Und wer es etwas spezieller mag: Wie wäre es mit Motor- oder Dampflokduft?

Adresse Karlsbader Straße 189, 09465 Sehmatal-Neudorf, www.weihrichkarzle.de | **Anfahrt** A72, Ausfahrt Stollberg-Süd, Richtung Oberwiesenthal, über Scheibenberg und Crottendorf nach Neudorf | **Öffnungszeiten** Schauwerkstatt: Feb.–Sept. Di–Fr 11–17 Uhr, Sa 10–18 Uhr, Okt.–Jan. Mo–Sa 10–18 Uhr | **Tipp** Der Skiverein Sehmatal e. V. betreibt im Ort den Skilift am Paulusberg. Bei Schneelage können Wintersportenthusiasten für wenig Geld hier den Hang hinunterwedeln.

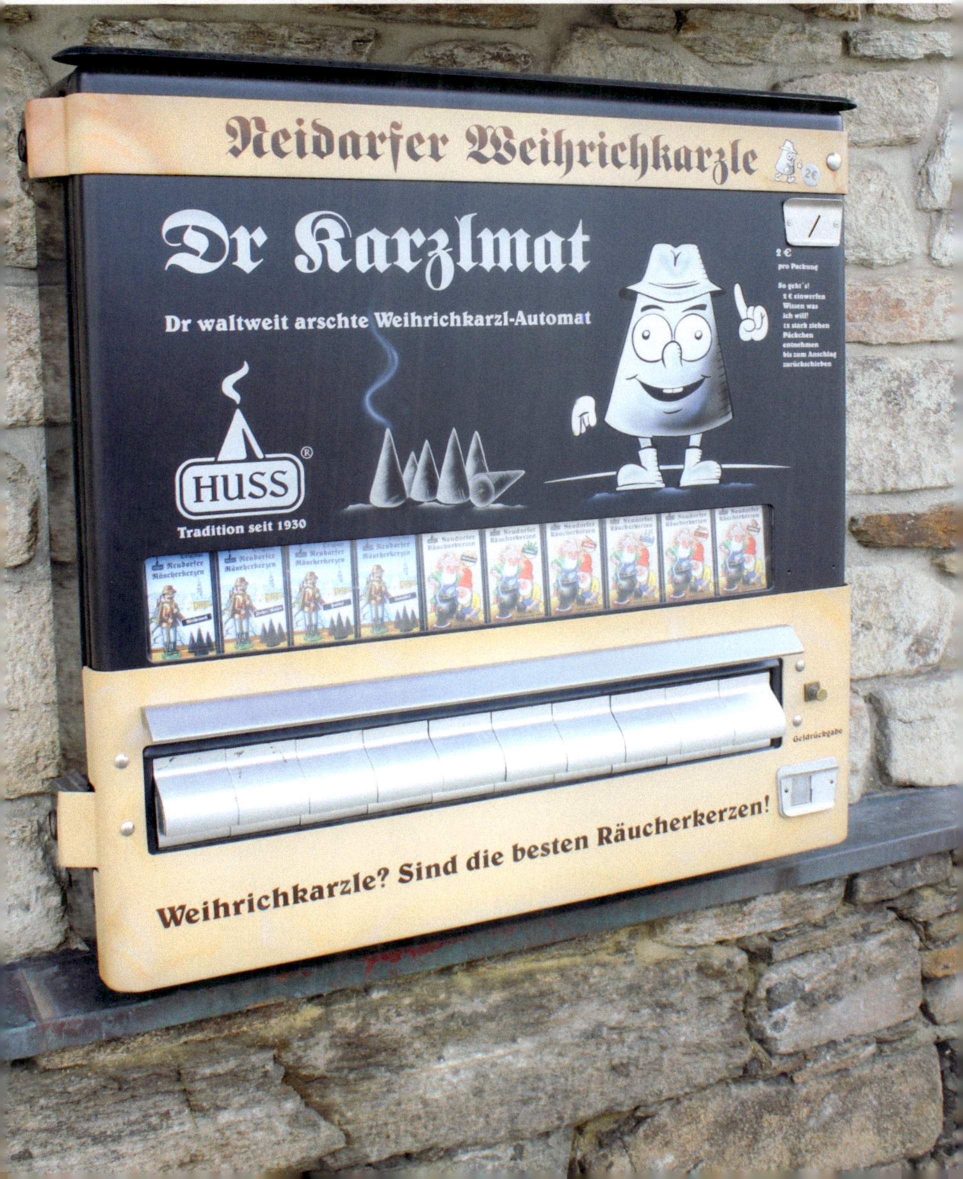

104 Das Suppenmuseum

Ein Hoch auf die Suppe

»Ich esse keine Suppe! Nein, meine Suppe ess' ich nicht!« Dem Suppenkasper wäre es vermutlich nicht in den Sinn gekommen, ausgerechnet ein Suppenmuseum zu eröffnen. Denn es gibt tatsächlich ein Museum, das der »Mutter aller Speisen« gewidmet ist, nämlich im »Suppenland«. Aber wo bitte soll das sein?

Unter diesem Spitznamen ist Neudorf, ein Ortsteil der Gemeinde Sehmatal, weit und breit bekannt. Die Bezeichnung rührt von einer alten Sage her. Ein Waldgeist namens »Katzn Hans« hauste in den Wäldern von Neudorf und hatte es eines Tages satt, sich von Pilzen, Beeren und Wurzeln zu ernähren. Er ging also ins Dorf und hoffte, sich etwas Brot erbetteln zu können. Doch egal, wohin er kam, die Bewohner, die sich selbst kein Brot leisten konnten, setzten ihm einen Teller Suppe vor. Mit vollem Bauch trat er den Heimweg an und spottete dabei: »Neidorf huhu, e richtiges Suppendorf bist du!«

Nach dem Motto »Von der Sage bis zur Gegenwart« kann man im Neudorfer Suppenmuseum in die Suppentöpfe vergangener Tage blicken. Liebevoll und detailgetreu sind die sieben Ausstellungsräume gestaltet. Bei einem Rundgang fühlt man sich zurück in Großmutters Zeiten versetzt. Unter anderem werden Töpfe, Löffel, Suppenbeutel, Kochbücher, Reklameschilder und Küchen samt Utensilien aus verschiedenen Jahrzehnten gezeigt. Der grüne Salon beherbergt eine Sammlung von Suppenterrinen.

Das »Salz in der Suppe« sind die Geschichten, Anekdoten und Weisheiten, die im Museum erzählt werden. Auf die Fragen, weshalb es »wie Hechtsuppe zieht« oder warum man »das Haar in der Suppe findet«, gibt es hier auch Antworten. Besucher des Museums können sich zudem im traditionellen Suppentopfziehen versuchen, wobei es gilt, sich buchstäblich nicht über den Tisch ziehen zu lassen. Und kommt Appetit auf Suppe auf, hat das Museum eine große Auswahl an Rezepten zu bieten. Also: An die Suppenlöffel, fertig, los!

Adresse Karlsbader Straße 164, 09465 Sehmatal-Neudorf, www.suppenmuseum-neudorf.de | Anfahrt A72, Ausfahrt Stollberg-Süd, Richtung Oberwiesenthal, über Scheibenberg und Crottendorf nach Neudorf, Parkmöglichkeiten vor dem Museum | Tipp Auf der gegenüberliegenden Straßenseite steht der »Suppenbaum«. Aus der abgestorbenen Ulme wurde ein attraktives Aushängeschild für das Museum geschaffen.

105 Die Peitschenlampe

Licht in dunklen Stunden

Weithin sichtbar thront auf einem Höhenzug Schloss Hoheneck über der Stadt Stollberg. Die exponierte Lage ist für ein derartiges Bauwerk nicht unüblich. Doch bereits von Weitem fällt auf, dass schmückender Zierrat an den Gebäudeteilen fast vollständig fehlt. Stattdessen wirkt alles sehr nüchtern, die Fenster sind vergittert, hohe Zäune verhindern Kontakte zur Außenwelt, und eine Schleuse mit mächtigen Stahltoren sichert den Zugang. Angesichts dieser Details wird die Funktion der Anlage schnell klar: Bei Schloss Hoheneck handelt es sich um ein ehemaliges Gefängnis.

Auch wenn die Nutzung als Haftanstalt bereits im Jahr 1864 als »Königlich-sächsische Weiberzuchtanstalt« begann, so erlebte Hoheneck sein dunkelstes Kapitel zu DDR-Zeiten. Oft war das für rund 600 Inhaftierte ausgelegte Frauengefängnis – ein Gegenpart zum Männergefängnis »Gelbes Elend« in Bautzen – massiv überbelegt. So mussten sich kriminelle Straftäterinnen, psychisch Kranke und politische Gefangene die Zellen teilen. Wobei der überwiegende Teil aus der letztgenannten Gruppe nicht etwa Dissidentinnen oder Terroristinnen waren. Meist hatten diese Frauen nur versucht, aus der DDR zu fliehen. Hass, Neid und Missgunst führten zu gewalttätigen Auseinandersetzungen untereinander, Fehlverhalten wurde unbarmherzig vom Personal bestraft. Darüber hinaus wurden die »Hoheneckerinnen« zur Zwangsarbeit bis zur Erschöpfung verpflichtet.

Nur der Freigang im Innenhof des Gefängnisses bot Gelegenheit, ein wenig Abstand zu gewinnen. Hier konnten die Frauen auf Bänken – allerdings ebenfalls nur unter Aufsicht – ausruhen. In der dunklen (Jahres-)Zeit spendete eine riesige vierteilige Peitschenlampe aus DDR-Produktion Licht. Die martialische Bezeichnung der Lampe ist dabei nicht etwa auf die harschen Umgangsformen im Gefängnis zurückzuführen. Sie versinnbildlicht schlicht die Bauform.

Adresse An der Stalburg 6, 09366 Stollberg | Anfahrt A72, Ausfahrt Stollberg-West, auf der B169 Richtung Stollberg-West, über B169, B180 und Zwönitzer Straße bis An der Stalburg | Tipp Der Bürgergarten, kein Garten oder Park, sondern eine Eventlocation, steht mitten in Stollberg. Er gilt als Meisterwerk des Jugendstils. Der neoklassizistische Saal bietet den Rahmen für Comedyshows, Konzerte, Theateraufführungen und vieles mehr.

106 Der Mittelpunkt Sachsens

Im Reich der Mitte

50 Grad, 55 Minuten, 46,1 Sekunden nördlicher Breite und 13 Grad, 27 Minuten und 30 Sekunden östlicher Länge – hinter diesen Koordinaten verbirgt sich der Mittelpunkt Sachsens im Kurort Hartha. Er liegt im Tännichtgrund im Tharandter Wald, wo der berüchtigte Räuberhauptmann Lips Tullian im 18. Jahrhundert mit seiner »Schwarzen Garde« sein Unwesen trieb. Um zur Mitte Sachsens vorzudringen, muss man – im Gegensatz zu Professor Lidenbrock aus Jules Vernes Roman »Die Reise zum Mittelpunkt der Erde« – nicht in den Krater eines Vulkans steigen. Weitaus weniger beschwerlich kann man die »Reise« von verschiedenen Punkten aus starten.

Von Naundorf aus sind es nur etwa 1,5 Kilometer. Der Beschilderung folgend, erreicht man Sachsens Mitte über einen Weg, der teilweise über einen alten Schmalspurbahndamm verläuft. Und im Wald, da waren nicht nur die Räuber, denn unweit von Tullians »Diebskammer«, einer verschütteten Höhle in einer Porphyr-Felsnase, befindet sich auch der geografische Mittelpunkt des Freistaats.

Die Bestimmung erfolgte 1990 durch den Geodäten Dr. Heinz Finger (TU Dresden) und 1992 durch den Dresdner Kartografen Hans Brunner. Eine mannshohe Granitstele mit dem sächsischen Wappen markiert den Punkt, im Rahmen der MDR-Sendung »Außenseiter-Spitzenreiter« wurde diese im September 1994 im Beisein des damaligen sächsischen Innenministers Heinz Eggert errichtet.

Aber mit der wahren Mitte ist das so eine Sache: Der exakte Messpunkt liegt circa 250 Meter östlich der Mittelpunktsäule. Zum Zeitpunkt der Markierung konnte dieser aber aufgrund der unzugänglichen Lage touristisch nicht erschlossen werden. Und der Kurort Hartha ist nicht der einzige Mittelpunkt in Sachsen! Im 20 Kilometer entfernten Nossen liegt der physikalische Schwerpunkt des Freistaates. Mitte ist eben nicht gleich Mitte – es kommt auf die Berechnung an.

Adresse 01737 Tharandt-Kurort Hartha | Anfahrt ab Freiberg B173 Richtung Dresden, in Naundorf rechts auf Dorfstraße abbiegen, dem Straßenverlauf bis zum Parkplatz Freibad folgen, circa 20 Minuten Gehzeit | Tipp 20 Gehminuten entfernt erhebt sich der Lips-Tullian-Felsen. Er ist nach dem Räuberhauptmann benannt und bietet einen wunderschönen Ausblick über den Tharandter Wald.

107 Die Georgsquelle

Ein wahrer Jungbrunnen

Es war einmal ein Schäfer, der durch einen Wald schlich. Die Bäume standen dicht, kaum ein Sonnenstrahl drang durch die Kronen. Die Hiesigen nannten den Wald daher »Miriquidi«, den Dunkelwald. Der Schäfer war womöglich auf der Suche nach Pilzen. Oder vielleicht war ihm ein Lamm entsprungen. Ein möglicher Grund für den Aufenthalt könnten auch Gelenkschmerzen gewesen sein, und er hoffte, schmerzlindernde Kräuter für einen Wickel zu finden. Was auch immer sein wahrer Ansporn gewesen war, er entdeckte etwas, womit er sicher nicht gerechnet hatte: eine Quelle, aus der warmes Wasser sprudelte.

Rasch erkannte man den schmerzlindernden und belebenden Effekt des Wassers auf den Körper. Und so wurde der Born in Windeseile im Umland und weit darüber hinaus bekannt. Anfang des 16. Jahrhunderts wurde die Quelle erstmalig eingefasst, ein kleines Badehaus gebaut und eine Wallfahrtskapelle errichtet. Im Jahr 1602 ließ die Kurfürstenwitwe Sophie von Sachsen das Fürstenhaus errichten, das heute den Namen »Sophienhaus« trägt. 1827 kam ein Kurhaus hinzu. Drei Jahrzehnte später wütete ein Feuer. Auf den Grundmauern des abgebrannten Gasthauses entstand 1857 die heutige Wandelhalle. Schlag um Schlag ging es weiter, der Ort Wiesenbad sowie auch die Kuranlage wuchsen und gediehen prächtig.

Nach dem Ersten Weltkrieg wurden neue Quellen erschlossen, so auch die »Georgsquelle« im Jahr 1920. Sie deckt bis heute den Bedarf an Thermalwasser. Das Wasser ist 26 Grad warm und äußerst fluorid- und kohlensäurehaltig. Am 1. Januar 1956 wurde die Gemeinde »Thermalbad Wiesenbad« gegründet. Ende 1998 wurde die Georgsquelle mit dem offiziellen Titel »Heilquelle für Trink- und Badekuren« geadelt.

Und das Beste kommt zum Schluss: Nicht nur Kurgäste können in dem heilenden Wasser baden, sondern auch Krethi und Plethi. Denn das Thermalbad »Therme Miriquidi« steht allen offen.

Adresse Freiberger Straße 33, 09488 Thermalbad Wiesenbad | **Anfahrt** ab Chemnitz B95 bis Ehrenfriedersdorf, dort der Beschilderung nach Thermalbad Wiesenbad folgen, Parkmöglichkeiten am Kurpark | **Tipp** Wer eine außergewöhnliche Übernachtungsmöglichkeit sucht, wird im circa sieben Kilometer entfernten Wolkenstein fündig. Hier heißt das »Wolkensteiner Zughotel« seine Gäste willkommen und bietet Übernachtungen in originalen Schlafwagen aus längst vergangener Zeit an.

108 Das »Zschap mei Gees«-Relief

Gut behütet in Zschopau

Zschopau und die Motorradmarke »MZ« (VEB Motorenwerk Zschopau) sind eng miteinander verbunden. Die Motorradproduktion begann dort bereits 1922 und endete erst lange nach dem Mauerfall. Das seit dem 12. Jahrhundert auf einem Felssporn über der Stadt thronende Schloss Wildeck beheimatet ein Museum, in dem der Werdegang der erfolgreichsten Motorradmarke der DDR erzählt wird. Dabei werden nicht nur zahlreiche Zweiräder aus acht Jahrzehnten ausgestellt, sondern auch umfangreiches Videomaterial steht bereit, um keine Fragen offenzulassen.

Vermutlich ist es kein Zufall, dass ausgerechnet in Zschopau ein großes Motorradwerk ansässig wurde. Schon seit dem Mittelalter war die Stadt verkehrstechnisch ans Umland angebunden. Ebenfalls ab dem 12. Jahrhundert führte hier die Salzstraße über den Fluss. Damals nutzte natürlich noch niemand ein Krad, um von A nach B zu kommen, doch ähnelt das Reiten auf einem Esel oder Pferd schon sehr dem Aufsitzen auf einem Zweirad.

Wer weiß, vielleicht erinnerten sich die Zschopauer an diese Zeit, als sie im 20. Jahrhundert mit der Produktion der Motorräder begannen. Aber das ist eine Hypothese, die jeglicher gesicherten Grundlage entbehrt. Fest steht allerdings, dass die Stadt seit Anbeginn ihrer Entstehung Reisenden Schutz bot. Dies versinnbildlicht auch das »Zschap mei Gees«-Relief, was übersetzt so viel heißt wie »Zschopau mein Gott« oder »Zschopau mein Jesus«.

Dieser Satz findet sich auf einem Bildstock auf der Südseite der Zschopaubrücke, auf dem auch ein Karrenführer mit Pferdefuhrwerk abgebildet ist. Das Denkmal wurde von Karl Breyer aus Zwickau gestaltet und 1932 aufgestellt. Es erinnert an die Strapazen der Reisenden, die angesichts der Stadt ihre Freude zum Ausdruck brachten, die gefährlichen Wälder des Erzgebirges hinter sich gelassen zu haben.

Adresse Alte Marienberger Straße 1, 09405 Zschopau | Anfahrt ab Chemnitz B174 nach Zschopau, Abfahrt Richtung Wolkenstein/Scharfenstein, rechts auf Scharfensteiner Straße, weiter bis zur Zschopaubrücke | Tipp Wer sich mit dem Gedanken trägt, einen Golfball über das Grün zu schlagen, der ist auf der Golfanlage Zschopau gut aufgehoben. Für Einsteiger werden Schnupperkurse angeboten.

109 Der Austelpark

Ein Abenteuer für Entdecker

Es sind nur wenige hundert Meter vom belebten Stadtzentrum von Zwönitz in den Austelpark. Auf der Straße noch von der Sonne geblendet, werden Besucher beim Eintritt in die Grünanlage von einem Schatten spendenden Laubdach empfangen. Es schützt sogleich vor hohen Temperaturen und kühlt erhitzte Gemüter sowie Fauna und Flora. Der Verkehrslärm tritt in den Hintergrund, stattdessen erschallt ein vielstimmiges Vogelgezwitscher, Insekten summen herum, und in der Nähe des Teichs vermelden Frösche quakend ihre Anwesenheit. In dieser naturreinen Atmosphäre findet jeder, der möchte, Ruhe und Erholung, sei es mit einem Buch auf einer Bank oder beim Spazierengehen auf den zahlreichen Pfaden.

Unzweifelhaft ist der Austelpark, der nach der im 19. Jahrhundert sehr vermögenden Familie Austel benannt ist, ein Kleinod. Er wurde um das Jahr 1848 angelegt und ist dem englischen Stil nachempfunden. Diese von der Insel stammende Gartenarchitektur löste im 18. Jahrhundert die Vorherrschaft der bis dahin weit verbreiteten französischen Barockgärten ab. Wo zuvor noch geometrische Formen und klare Linien das Bild dominierten, wurde nun Wert auf eine naturnahe Gestaltung mit reicher Bepflanzung gelegt. Gräben, Gewässer, Skulpturen und bauliche Artefakte wurden genutzt, um Akzente in der Urwüchsigkeit zu setzen. All das hat auch der Austelpark zu bieten.

In der im Jahr 1977 unter Naturschutz gestellten Gartenanlage verstecken sich unter anderem ein schmiedeeiserner Pavillon, ein Bärenzwinger, ein Bienenhaus und der Stolleneingang der ehemaligen Zeche »Neues Glück«. Auch die Kunst kommt nicht zu kurz. Immer wieder lösen Skulpturen den Blick der Besucher von den Wegen, auf denen sie wandeln.

Und wie es sich für einen richtigen Landschaftspark gehört, fehlt auch ein Prachtbau nicht: die Austelvilla. Sie wurde 1885/86 im Gründerzeitstil erbaut und zählt zu den schönsten Bauwerken von Zwönitz.

Adresse Am Austelpark, 08297 Zwönitz | **Anfahrt** A72, Ausfahrt Stollberg-West, B180 Richtung Zwönitz, über S258, Stollberger Straße und Niederzwönitzer Straße bis Zwönitz, links auf Rathausstraße und weiter bis zum Austelpark | **Tipp** Südlich von Zwönitz überspannt die Fuchsbrunnenbrücke den Aubach. Das Bauwerk ist Teil einer stillgelegten Eisenbahnstrecke und gehört inzwischen zu den schönsten Lost Places im Erzgebirge.

110 Der kopflose Reiter

Verliebt, verlobt, kopflos

In vielen Sagen und Legenden jagen gruselige Gesellen hoch zu Ross durch die Nacht. Es sind die kopflosen Reiter, die Angst und Schrecken verbreiten. Aber nicht nur bei »World of Warcraft« oder in »Sleepy Hollow«, sondern auch im Erzgebirge tummeln sich die Spukgestalten und treiben ihr Unwesen.

In der Gegend von Stollberg erzählt man sich beispielsweise von einem Kopflosen, der in Begleitung einer gefleckten Krähe umherreitet, dem sogenannten »Panzerreiter«. Im Hofbusch bei Schlettau hat es angeblich ein Jäger ohne Kopf auf Holzdiebe abgesehen. Wer ist aber der Reiter, der über der Bergstadt Zwönitz thront? Die Silhouette des kopflosen Gesellen erblickt man schon von Weitem. Und wandert man den Zwönitzer Panoramaweg hinauf zur Galgenspitze, kommt man der sagenumwobenen Geistergestalt ganz nah.

Die Skulptur auf dem Ziegenberg wurde vom Holzbildhauer Dieter Huch erschaffen und erinnert an eine Sage aus dem 17. Jahrhundert. Ein Müller aus Zwönitz hatte eine schöne Tochter, die mit dem Förster aus Grünhain verlobt war. Seinem Sohn hatte er den Rücken gekehrt, deshalb konnten sich die Geschwister nur heimlich sehen. Eines Tages, als die Müllerstochter mit ihrem Verlobten zum Tanz in einer Schenke verabredet war, traf sie dort zufällig ihren Bruder mit seiner Frau. Da ihr Geliebter auf sich warten ließ, tanzten die Müllerskinder kurzerhand miteinander. Derweil traf der Grünrock ein und entdeckte seine Braut in den Armen dieses vermeintlichen Nebenbuhlers. Von Eifersucht ergriffen, lockte er sie unter einem Vorwand auf den Ziegenberg und stach ihr seinen Hirschfänger ins Herz. Ihre letzten Worte klärten das Missverständnis noch auf, der Förster landete in Grünhain auf dem Schafott. Am Ort der Bluttat wuchs ein Rosenstrauch. Zuweilen soll dort immer noch ein kopfloser Reiter um Mitternacht auftauchen, der bei den Rosen verweilt und alsbald wieder verschwindet.

Adresse Querweg, 08297 Zwönitz | Anfahrt A72, Ausfahrt Stollberg-West, B180 Richtung Zwönitz, dem Straßenverlauf (S258/Annaberger Straße) folgen, rechts auf Querweg | Tipp Nach der schweißtreibenden Wanderung zu dem Reiter kann der Durst in der Brauerei Zwönitz gelöscht werden. Der urige Gasthof befindet sich in der Grünhainer Straße 15.

111 Die Mundart-Uhr

Viertel elfe oder 3 Ziffern 10? – Ei verbibbsch!

Die Zeit vergeht je nach Gemütszustand mal schneller, mal langsamer. Bei einem solch ungenauen Empfinden ist es nicht verwunderlich, dass bereits die Altvordern versuchten, die Zeit zu messen. Schließlich wollten auch sie sich bei Verabredungen nicht verspäten. Die ersten Uhren dürften Sonnenuhren gewesen sein, gefolgt von Sanduhren und Wasseruhren. Um 1500 wurden die ersten Taschenuhren gefertigt, im 20. Jahrhundert waren Digitaluhren en vogue. Heutzutage sind wir es gewohnt, die aktuelle Zeit überall mühelos ablesen zu können.

Mühelos? So sollte es normalerweise sein. Doch diesen Maßstab wollten die Hormersdorfer Bürger bewusst nicht anlegen, als sie im Jahr 2006 auf dem neuen Dorfplatz die Mundart-Uhr aufstellten. Schon von der Konstruktion her gleicht sie nicht einer normalen Uhr, und man muss schon zweimal hinsehen, um überhaupt zu erkennen, dass es sich um einen Zeitmesser handelt.

In einem kleiderschrankgroßen Gehäuse drehen sich zwei symbolische Wasserräder, jenen nachempfunden, die früher im Bergbau verwendet wurden. Auf den Zähnen wird die Zeitangabe mittels Schriftzug in erzgebirgischer – insbesondere Hormersdorfer – Mundart angezeigt. Und das hat es in sich. Die Einheimischen benutzen nämlich neben den gebräuchlichen Angaben viertel, halb und drei viertel auch noch die »Ziffern«. Damit kann der Fünf-Minuten-Takt wiedergegeben werden. Aus »13.25 Uhr« wird »5 Ziffern 2« oder ausgesprochen »fünf Ziffern zwee'e«. Wenig später ist es dann »13.40 Uhr«, also »8 Ziffern 2«, »ocht ziffern zwee'e«. Acht »Ziffern« sind somit achtmal die fünf Minuten, also 40 Minuten insgesamt (und zugleich die achte Ziffer auf der Uhr). Alles klar? Wenn nicht, dann lohnt sich ein Blick auf die Rückseite der Uhr. Dort wird die Uhrzeit klassisch angezeigt. Das bedeutet: Stehen Betrachter hinter der Mundart-Uhr, sind es garantiert keine Hormersdorfer.

Adresse Hauptstraße 71, 09395 Zwönitz-Hormersdorf | Anfahrt ab Chemnitz B95 bis Gelenau, rechts auf Gelenauer Straße, dem Straßenverlauf bis Hormersdorf folgen, dort auf Hauptstraße abbiegen | Tipp Der nahe gelegene Greifenbachstauweiher ist eine der ältesten Talsperren in Deutschland. Zahlreiche Wassersportfreizeitaktivitäten werden angeboten, zum Beispiel können Besucher mit Tretbooten in See stechen.

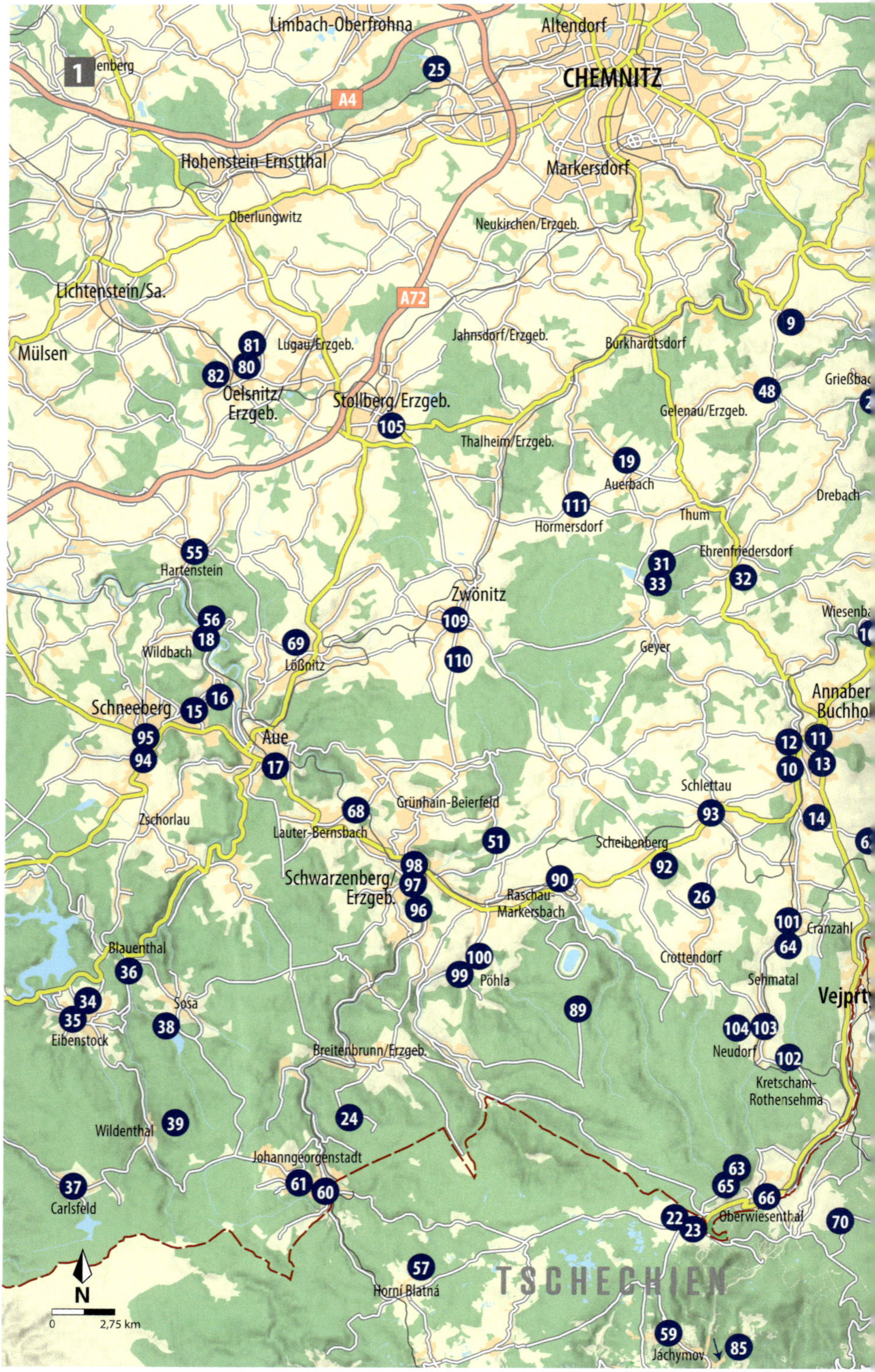
1
Limbach-Oberfrohna
Altendorf
CHEMNITZ
A4
25
Hohenstein-Ernstthal
Markersdorf
Oberlungwitz
Neukirchen/Erzgeb.
Lichtenstein/Sa.
A72
9
Mülsen
81
80
82
Lugau/Erzgeb.
Jahnsdorf/Erzgeb.
Burkhardtsdorf
48
Oelsnitz/Erzgeb.
Stollberg/Erzgeb.
105
Gelenau/Erzgeb.
Thalheim/Erzgeb.
19
Auerbach
111
Hormersdorf
Thum
Drebach
55
Hartenstein
31
33
Ehrenfriedersdorf
32
Zwönitz
56
18
Wildbach
69
Lößnitz
109
110
Geyer
16
15
Schneeberg
95
94
Aue
17
12
11
10
13
Schlettau
68
Grünhain-Beierfeld
Zschorlau
Lauter-Bernsbach
51
93
14
Scheibenberg
92
98
97
96
Schwarzenberg/Erzgeb.
90
Raschau-Markersbach
26
101
Cranzahl
64
Blauenthal
36
100
99
Pöhla
Crottendorf
Sehmatal
34
35
Eibenstock
Sosa
38
89
104
103
Neudorf
102
Breitenbrunn/Erzgeb.
Kretscham-Rothensehma
24
39
Wildenthal
Johanngeorgenstadt
61
60
37
Carlsfeld
63
65
66
22
23
Oberwiesenthal
70
57
Horní Blatná
TSCHECHIEN
N
0
2,75 km
59
Jáchymov
85

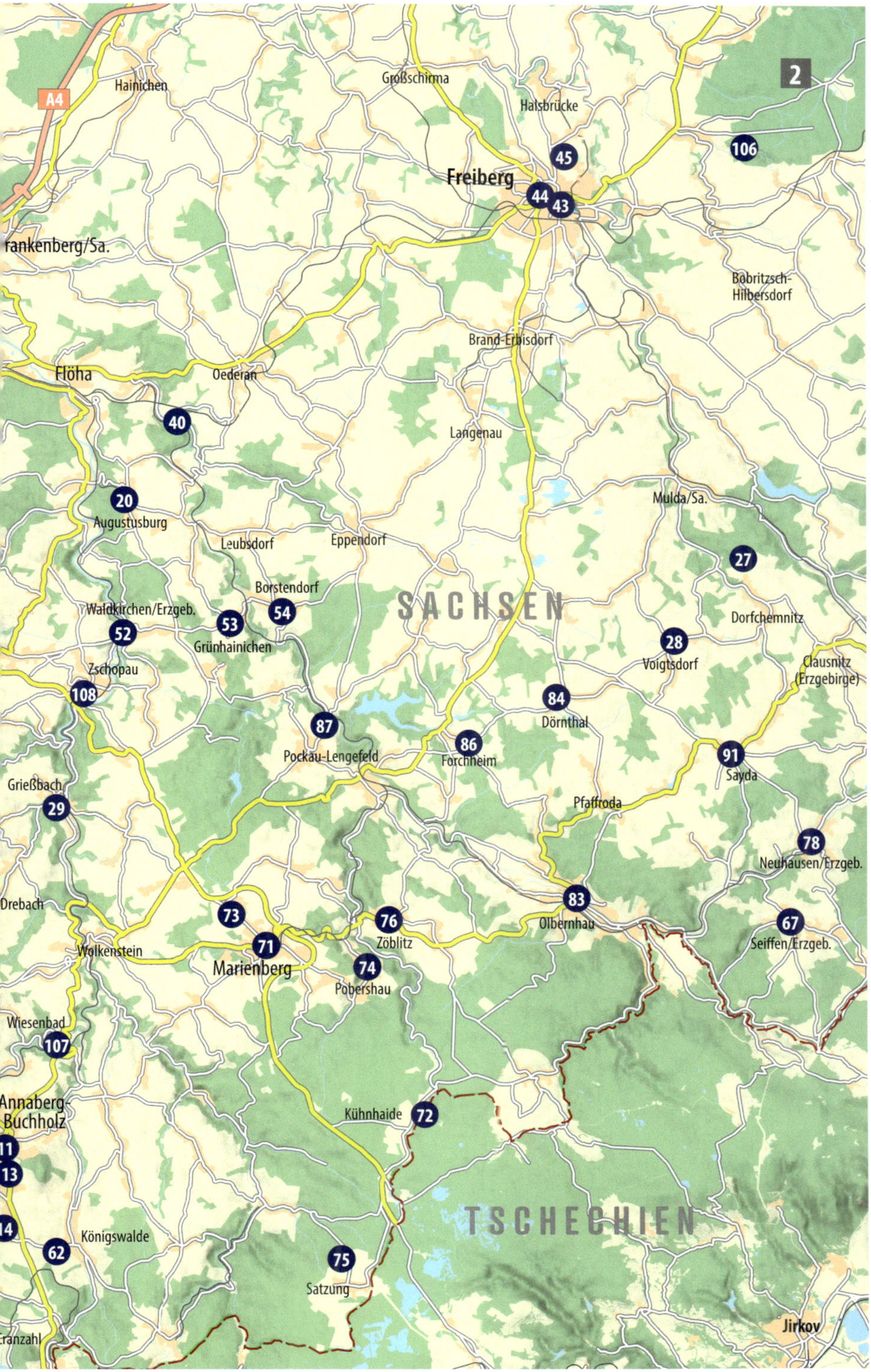

2
A4
Hainichen
Großschirma
Halsbrücke
45
106
Freiberg
44
43
rankenberg/Sa.
Bobritzsch-
Hilbersdorf
Brand-Erbisdorf
Flöha
Oederan
40
Langenau
20
Augustusburg
Mulda/Sa.
Leubsdorf
Eppendorf
27
Borstendorf
SACHSEN
Waldkirchen/Erzgeb.
53
54
Dorfchemnitz
52
Grünhainichen
28
Zschopau
Voigtsdorf
Clausnitz
(Erzgebirge)
108
84
87
Dörnthal
86
Pockau-Lengefeld
Forchheim
91
Sayda
Grießbach
29
Pfaffroda
78
Neuhausen/Erzgeb.
Drebach
83
73
76
Olbernhau
67
71
Zöblitz
Seiffen/Erzgeb.
Wolkenstein
Marienberg
74
Pobershau
Wiesenbad
107
Annaberg-
Buchholz
Kühnhaide
72
11
13
TSCHECHIEN
14
Königswalde
62
75
Satzung
Jirkov
ranzahl

A4
Wilsdruff
3
DRESDEN
Freital
46
Bannewitz
A17
Heidenau
Pirna
Tharandt
47
Rabenau
Dohna
77
Weesenstein
106
Seifersdorf
88
Klingenberg
Dippoldiswalde
Reinhardtsgrimma
50
Schlottwitz
Bobritzsch-
Hilbersdorf
49
Glashütte
21
Börnersdorf
42
Kleinbobritzsch
41
Frauenstein
Bärenfels
5
3
6
Lauenstein
7
Schellerhau
2
Altenberg
4
1
27
Dorfchemnitz
8
Clausnitz
(Erzgebirge)
58
Cämmerswalde
91
Sayda
79
Dubí
Krupka
78
Neuhausen/Erzgeb.
Hrob
TSCHECHIEN
Teplice
67
Seiffen/Erzgeb.
Meziboří
Osek
Duchcov
30
Lom
N
0
2,75 km

roße Kreisstadt Aue - Bad Schlema

R- UND ERHOLUNGSPARK BAD SCHLEMA

· Kurpark ist nicht nur für Wanderer oder Spaziergänger ein beliebtes Ausflugsziel. ıenswert sind neben seiner zentral gelegenen Aussichtsplattform mit dem Sonnensegel Ruhe- und Duftgarten, das Damwildgehege und die Sonnenuhr. Die Minigolfanlage tet in den Sommermonaten Spiel und Spaß. Angrenzend zum Park lädt der ıutergarten mit erzgebirgischen Heilpflanzen zum Erkunden ein. Die Größe des Kur- d Erholungsparks und sein ausgebautes Wegesystem, welches überwiegend behin- tengerecht gestaltet wurde, sind für ausgedehntere Spaziergänge gut geeignet. Die ·kanlage ist an verschiedene Wander- und Terrainkurwege angebunden.

ÖSTERLEIN ZELLE

ı 7. Mai 1173 wurde eine kleine Augustiner-Chorherren-Propstei als erste Klostergrün- ıg im damals schwer zugänglichen Westerzgebirge durch Kaiser Friedrich I. Barbarossa gründet. Die heute noch bestehende romanische Klosterkirche wurde um 1230 erbaut d ist somit als das älteste Gebäude der Stadt nicht nur historisch, sondern auch ıkmalgeschichtlich wertvoll. Berühmt ist auch das Putzritzgemälde am Ostgiebel des ısterleins, welches wohl das älteste und wertvollste Kunstwerk des Westerzgebirges ·stellt und zu den kostbarsten Stücken unseres sächsischen Kulturerbes gehört.

ER FRIEDENSKIRCHE

: im Jugendstil gehaltene Kirche gilt als eine der reinsten und größten Jugendstilkirchen chsens. Erbaut wurde die Friedenskirche in den Jahren 1912–1914 nach Plänen der ısdner Architekten Schilling und Gräbner. Hier kann man auch eine Replik des tzritzgemäldes besichtigen.

ÜCKEN

f einem Quadratkilometer befinden sich in der Stadt im Durchschnitt etwa 3,5 Brücken terschiedlichster Bauweisen und Baujahre. Mitten im Zentrum Aues fließen die ickauer Mulde und das Schwarzwasser zusammen. Viele weitere Bäche und Flussläufe, : z.B. Lößnitzbach, Kuttenbach, Alberodaer Bach und Zschorlaubach führen ins Auer . Die teilweise schmuckreich ausgestatteten Brücken, wie u.a. die Schillerbrücke, fügen h hervorragend in das vom Jugendstil geprägte Auer Stadtbild ein. Bekannteste Brücke die Bahnhofsbrücke, die als Spannbetonbrücke mit unterspannten Plattenbalken als ste ihrer Bauart weltweit gilt.

ethestr. 5 · 08280 Aue-Bad Schlema · Tel. (03771) 281-0 · Internet: www.aue-badschlema.de

GPS-Koordinaten

Viele der 111 Orte, die wir ausgesucht haben, sind leicht zu finden. So thront die Augustusburg weithin sichtbar auf einem Felsplateau, um nur ein Beispiel zu nennen. Für diese nicht zu übersehenden Orte wären GPS-Koordinaten sicherlich entbehrlich. Bei einigen anderen stießen selbst wir an unsere Grenzen. Um das Aufsuchen dieser versteckten oder abgelegeneren Orte zu erleichtern, sind Geodaten zweifellos dienlich. Der Vollständigkeit halber haben wir uns dazu entschieden, Ihnen für alle Orte diese Information in alphabetischer Reihenfolge an die Hand zu geben. Wir wünschen Ihnen viel Freude beim Entdecken des wunderschönen Erzgebirges!

1.000-jährige Eibe 50.88787°, 13.81503°
14 Achttausender 50.74872°, 13.76327°
Adam-Ries-Haus 50.57893°, 13.00156°
Alte Rodelbahn 50.43012°, 12.95510°
Altenberger Pinge 50.76703°, 13.76144°
Anton-Günther-Grab 50.41336°, 12.91952°
Äquator 50.73428°, 12.70610°
Auferstehungslinde 50.58357°, 13.00971°
Austelpark 50.63207°, 12.81425°
Bandonion-Gedenkstein 50.43452°, 12.58995°
Basaltfächer 50.53628°, 13.19325°
Basaltsäulen 50.53973°, 12.92306°
Bauerhase 50.91644°, 13.34270°
Bergmännische Krippe 50.58028°, 13.00109°
Bergmannskanzel 50.85250°, 13.77650°
Blaufarbenwerk 50.60372°, 12.66785°
Bücher des Lebens 50.65742°, 13.23098°
Chinesische Pagode 50.59073°, 12.63996°
Christkindweg 50.41080°, 12.92286°
DDR-Museum 50.71028°, 12.99236°
Dorfkirche 50.77637°, 13.69030°
Dorothea-Stolln 50.55822°, 13.00130°
Dr Karzlmat 50.47985°, 12.97413°
Dudelskirche 50.55173°, 12.83109°
Ehrenhain 50.60816°, 12.68214°
Eiskanal 50.78645°, 13.72943°
Eispinge 50.39971°, 12.77915°
Engel und Bergmann 50.91705°, 13.33997°
Falknerbrunnen 50.78355°, 13.82274°
Fichtelbergbahn 50.51138°, 12.99200°
Flugzeugmuseum 50.70317°, 13.49722°
Freie Republik 50.53746°, 12.78470°
Friedensglocke 50.42833°, 12.95444°
Geldkeller 50.64905°, 12.92969°
Georgsquelle 50.61920°, 13.04341°
Hartensteiner Sterne 50.66182°, 12.67196°
Herders Ruhe 50.93050°, 13.35450°
Hetzdorfer Viadukt 50.84115°, 13.13051°
Hochmoor 50.73006°, 13.74644°
Hofkäserei Fritsch 50.52821°, 12.94289°
Holzfigurenpfad 50.75327°, 13.75337°
Hundertweltenhaus 50.49988°, 12.60020°
Hundsmartergust 50.48963°, 12.87184°
Hütte 50.64101°, 13.21754°
Judoka-Figuren 50.45472°, 12.74334°

Katzenwiege 50.75188°, 13.39825°
Königsmühle 50.40905°, 13.01046°
Kopfloser Reiter 50.61756°, 12.81487°
Kühnhaide 50.58663°, 13.24407°
Künstlergässchen 50.53770°, 12.78420°
Kursächsische Distanzsäule
50.41924°, 12.97061°
Lindenallee 50.62670°, 12.72571°
Markersbacher Viadukt
50.53688°, 12.86517°
Mini-Weißbach 50.73433°, 13.01084°
Mini-Pyramide 50.46860°, 12.98645°
Mittelpunkt Sachsens
50.93018°, 13.45487°
Mönchsgesicht 50.55774°, 12.95024°
Mückentürmchen 50.70683°, 13.85633°
Mundart-Uhr 50.67206°, 12.88376°
Münzhaus 50.37162°, 12.91328°
Natursteinkaskade 50.96755°, 13.62391°
Neinerlaa 50.58023°, 13.00275°
Nussknackermuseum
50.67660°, 13.46688°
Olbernhauer Reiterlein
50.66126°, 13.33544°
Ölmühle 50.73397°, 13.33100°
Ostalgie im Garten 50.71914°, 13.28100°
Oswald-Barthel-Turm
50.64207°, 12.97403°
Peitschenlampe 50.70454°, 12.78394°
Pferdegöpel 50.66253°, 13.14429°
Pöhlbachschanze 50.50415°, 12.80767°
Porzellanglockenspiel
50.79299°, 13.67631°
Pranger 50.81378°, 13.09867°
Prinzenhöhle 50.63694°, 12.67967°
Radarstation 50.45568°, 12.64763°
Randfichten-Ehrenmal
50.42875°, 12.72844°
Räuchermannmuseum
50.51620°, 12.99117°
Riesen-Fensterbrettl
50.68730°, 12.91280°
Riesenschwibbogen 50.43218°, 12.71411°
Röhrgraben 50.64178°, 12.92693°
Rolle-Mühle 50.76578°, 13.09329°
Roter Turm des Todes
50.33032°, 12.95270°
Sauensäger 50.78033°, 13.43954°
Schachwanderweg 50.77020°, 13.18217°
Schatzhaus Erzgebirge
50.49449°, 12.59370°
Schloss Duchcov 50.60224°, 13.74603°
Schloss Weesenstein
50.93245°, 13.85970°
Schnupperich 50.59506°, 12.64063°
Silbermann-Pfad 50.81935°, 13.53974°
Spieldose 50.76704°, 13.15297°
Staffeleien 50.70991°, 13.42562°
Steinernes Messer 50.92586°, 13.66798°
Straßentunnel 50.72847°, 13.20173°
Street-Art 50.73660°, 12.70912°
Stülpner-Gedenktafel
50.70516°, 13.05591°
Suppenmuseum 50.48005°, 12.97377°
Tagebücher 50.82570°, 13.88124°
Talsperre Sosa 50.49054°, 12.64490°
Tastmodell 50.65074°, 13.16237°
Teufelstein 50.56516°, 12.75470°
Totenstein 50.54092°, 12.78483°
Triangulationssäule
50.79966°, 13.53755°
Vogelbeerbaum 50.50838°, 12.81479°
Von-Carlowitz-Plastik
50.83311°, 12.81838°
Waldhufendorf 50.54475°, 13.03643°
Wasserfall 50.51101°, 12.62558°
Weihnachtsuhr 50.64833°, 13.45264°
Wikusawa 50.62974°, 12.67615°
Wilhelmine-Reichard-Haus
51.00762°, 13.66035°
Wunderhorn 50.72626°, 12.68816°
Zoo der Minis 50.58248°, 12.71136°
»Zschap mei Gees«-Relief
50.74454°, 13.06955°

Fotonachweis

Alle Fotos Susanne und Rudolf Jagusch, außer:
Altenberger Pinge, Fotos von Christian Bedeschinski, mit freundlicher Genehmigung der Lausitzer und Mitteldeutsche Bergbau-Verwaltungsgesellschaft mbH. Hinweis: Bei der Altenberger Pinge handelt es sich um einen aktiven gebirgsmechanischen Bruchbereich. Die Pinge ist zum Schutz der Öffentlichkeit eingezäunt und wird permanent überwacht. Ein unbefugtes Betreten ist lebensgefährlich und deshalb verboten. Einblicke in die Pinge von einer Aussichtsplattform sowie viele Informationen über die Historie der Zinnerzgrube bietet eine vom Museum Altenberg angebotene Pingen-Wanderung.
Eiskanal, Foto (Winter) von Philipp Maethner, Foto (Sommer) von Claudia Reuter, mit freundlicher Genehmigung von Wintersport Altenberg GmbH
Zoo der Minis, Foto von Jonas Wunderlich, mit freundlicher Genehmigung des Zoos der Minis e. V.
Fichtelbergbahn, Foto (Winter) von Frank Knobloch, Pixabay; Foto (Sommer) von Mali Ancor, Pixabay
Dorfkirche, Foto von FÜRSTdesign Sebastian Kaulfürst, mit freundlicher Genehmigung der Ev.-Luth. Kirchgemeinde Altenberg-Schellerhau
Für die freundlicherweise erteilten Abdruckgenehmigungen unserer Fotos danken wir:
Hochmoor: Gemeinnützige GmbH Naturbewahrung Osterzgebirge, Altenberg; Bergmännische Krippe: Ev.-Luth. Kirchgemeinde Annaberg-Buchholz
Wir empfehlen einen Besuch der Bergkirche St. Marien in Annaberg-Buchholz (www.annenkirche.de).
Schatzhaus Erzgebirge: Schatzhaus Erzgebirge, Eibenstock; Bauerhase: Konditorei & Café Hartmann, Freiberg; DDR-Museum: DDR-Museum, Gelenau; Bergmannskanzel: Ev.-Luth. Kirchgemeinde Glashütte; Hartensteiner Sterne: Hartensteiner Weihnachtssterne; Flugzeugmuseum: Gaststätte am Flugzeug/Flugzeugmuseum, Neuhausen-Cämmerswalde

Danksagung

Beim Erscheinen eines Buches stehen in erster Linie wir Autoren im Vordergrund. Allerdings sind wir nur Teil eines Teams, da es immer vieler Menschen bedarf, die eine solche Publikation ermöglichen. So war es natürlich auch bei diesem Titel. Somit möchten wir uns hiermit bei allen bedanken, die uns unterstützt haben. Wir hoffen, dabei niemanden zu vergessen.

Den ersten Dank richten wir an unseren Verlag. Euer Vertrauen in uns hat uns stets angespornt, unser Bestes zu geben.

Einen besonderen Dank richten wir an unsere Lektorin Julia Lorenzer. Mit viel Umsicht und Sachverstand hat sie an unseren Texten Hand angelegt und war jederzeit für uns ansprechbar.

Einen großen Anteil an der Fertigstellung haben darüber hinaus noch viele andere. Eure Gastlichkeit haben wir genossen, eure Anregungen gern aufgegriffen, und über eure unkomplizierten Erteilungen von Abdruckrechten haben wir uns sehr gefreut. Wir bedanken uns dafür bei:

Cornelia Gerhold; Kerstin Thier (Stadt Freiberg); Diana Sartor; Doreen und Jens Weißflog; Andrea Müller (DDR-Museum); Pfarrer Uwe Liewald (Kirche St. Wolfgang zu Glashütte); Pfarrer David Keller (Kirche Schellerhau); Pat Hartmann (Café Hartmann); Beate Heyn (Hartensteiner Weihnachtssterne); Claudia Reuter (Eiskanal); Mandy und Frank Lieberwirth; Bärbel Schroller (Zoo der Minis); Birgit Hetze (Flugzeugmuseum); Bernd König (Naturbewahrung Osterzgebirge); Martin Johannes Lange (Evangelische Kirchgemeinde Annaberg-Buchholz); Andre Schallau (Lausitzer und Mitteldeutsche Bergbau-Verwaltungsgesellschaft mbH); Tourist-Information Altenberg; Antina Richter (Schatzhaus Erzgebirge).

Susanne Jagusch, 1967 geboren, arbeitet als freie Autorin in der Nähe von Köln.
www.susannejagusch.de

Rudolf Jagusch, 1967 geboren, arbeitet als freier Schriftsteller in der Nähe von Köln. Von ihm sind auch einige Krimis im Emons Verlag erschienen.
www.rudijagusch.com